ALLA SCOPERTA DEL FAR INFRARED RAY:

LA CURA NATURALE

Giacomo Agnone

ALLA SCOPERTA DEL FAR INFRARED RAY:
LA CURA NATURALE

Indice

Introduzione

La salute riveste da sempre un ruolo importante nella Società. Con questo termine si intende comunemente una condizione di efficienza dell'organismo, uno stato di relativo benessere fisico e psichico caratterizzato dall'assenza di patologie invalidanti. Grazie ai progressi della medicina, oggi si assiste a una migliore qualità e durata della vita ottenibili preservando e ripristinando lo stato di benessere della persona.

Ovviamente non sempre al progresso scientifico corrisponde un miglioramento reale delle condizioni di salute generale. Per favorire un crescente bisogno di cure, le industrie farmaceutiche propongono metodi chimici che non sempre collimano con una migliore qualità e durata della vita e il ripristino del benessere della persona.

Secondo un Paper (*"Benefici dei farmaci a confronto con i rischi"* di Daphne E. Smith Marsh, PharmD, BC-ADM, CDE , College of Pharmacy, University of Illinois at Chicago), tutti i farmaci possono comportare rischi e benefici. L'utilizzo di un farmaco è giustificato soltanto se i benefici superano i rischi. Ma **non si possono mai determinare, con matematica precisione**, i potenziali benefici e rischi.

Nei primi anni del Novecento, lo scienziato tedesco Paul Ehrlich definì con l'espressione *"pallottola magica"* il farmaco ideale. Questo farmaco avrebbe dovuto **mirare in modo esatto** al sito di una malattia senza danneggiare i tessuti sani. Sebbene molti nuovi farmaci siano mirati in modo più accurato dei loro predecessori, **finora nessuno di questi ha raggiunto pienamente l'obiettivo**.

La maggior parte dei farmaci provoca numerosi effetti, mentre solitamente è richiesto un unico effetto per il trattamento di una malattia, ovvero quello terapeutico. Gli altri effetti sono indesiderati, sia quando sono intrinsecamente dannosi, sia quando non lo sono. Per esempio, alcuni antistaminici, oltre a controllare i sintomi delle allergie, inducono sonnolenza. Tuttavia, se un antistaminico viene assunto per tenere sotto controllo i sintomi dell'allergia durante il giorno, la sonnolenza è considerata un effetto fastidioso e indesiderato.

Sarebbe indubbiamente positivo poter agire in modo naturale e del tutto compatibile con l'organismo per far fronte alle problematiche di salute più ricorrenti. Ad

esempio, l'Organizzazione Mondiale della Sanità, stima che la causa principale di morte nell'umanità è legata a problemi di natura circolatoria ed è legata a doppio filo con Ictus, Infarto ed Ischemia.

Nel corso dei millenni, l'uomo ha cercato metodi innovativi e naturali nella cura delle varie patologie. Ancora oggi, alcune di quelle tecniche sono disponibili nella medicina alternativa moderna e diverse cure sono state migliorate e vengono proposte nella cura della persona.

L'oggetto di questo fascicolo è un metodo naturale che ha preso piede nella Società moderna a partire dagli anni sessanta. Questo metodo implementa tecniche e metodi di un tempo con la tecnologia moderna. Utilizza quanto presente in natura fin dalla notte dei tempi. E test scientifici hanno dimostrato la bontà dell'utilizzo di cure antiche implementate con la tecnologia moderna. Stiamo parlando di ciò che prende il nome di Far Infrared Rays. Quindi la parte curativa del sole in sinergia con altri strumenti naturali.

Perché parlare di F.I.R.? Primo perché, contrariamente a prodotti chimici, l'organismo non risente di controindicazioni e, secondo, perché il corpo umano ha in sé gli strumenti per correggere le disfunzioni. Basta aiutarlo ad utilizzare quanto ha già disponibile e limitare il più possibile l'uso della chimica che può creare qualche danno. Ovviamente questo trattato, frutto di studi personali, ricerche scientifiche e test universitari, non vuole scoraggiare l'utilizzo dei medicinali. Vuole semplicemente aiutare le persone a non abusarne.

La natura può essere un eccellente aiuto in svariati campi di natura medica. E i nostri nonni sapevano che potevano trovare nei campi, nell'acqua, nei cibi, quanto fosse necessario per "riparare" alcune patologie. Questo è quanto potremo vedere dalle pagine che seguono.

F.I.R. THERAPY

La tecnologia F.I.R. è il risultato dell'arricchimento di un filato con un mix di minerali nobili. Il risultato di questa lavorazione, è un tessuto in grado di ricevere i cosiddetti F.I.R. (raggi infrarossi lunghi) emessi dal nostro corpo e di rifletterli verso il corpo stesso. La lavorazione avviene tramite fusione a temperature elevatissime con cui si realizzano dei dispositivi medici ad alta tecnologia FIR utilizzabili sempre da tutti ed in tutte le fasce d'età.

COSA SONO I RAGGI FIR

- F.I.R. vuol dire "far infrared ray", ovvero "raggio infrarosso lontano".
- È un raggio prodotto dal sole ma al contrario della luce, è invisibile all'occhio umano.
- Anche il corpo umano emette raggi infrarossi in minima quantità.
- Il raggio infrarosso lontano è detto biogenetico ossia generatore di vita.
- Vengono utilizzati da anni nelle terapie mediche.

COME FUNZIONA

La tecnologia F.I.R. funziona esclusivamente per contatto con il corpo e per ottenere i maggiori benefici va indossata ed utilizzata il maggior tempo possibile, giorno e notte.

La tecnologia FIR è usata come terapia per:

- Artrite
- Spasmi muscolari
- Rigidità articolare
- Edema
- Ipertensione
- Malattia coronarica
- Dolori di varia natura e per migliorare il flusso sanguigno

Inoltre, la tecnologia F.I.R., viene utilizzata per migliorare la produzione di collagene, migliorare l'elasticità della pelle e favorire la diminuzione di cellulite fornendo bellezza globale e salute attraverso una migliore circolazione del sangue.

LA SCOPERTA DEL F.I.R.

Nel 1800 il fisico WILLIAM HERSCHEL, un astronomo nato ad HANNOVER nel 1738, scopre i raggi infrarossi. Ripercorrendo gli studi fatti da ISAAC NEWTON, munito di un termometro a mercurio e di un prisma di vetro attraversato da un raggio di sole, notò come, ognuna delle bande di luce colorata riflessa dal prisma, coincidesse a una

Sir William Hershel

diversa temperatura che

Sir Isaac Newton

va ad intensificarsi in corrispondenza dell'ultima banda, quella del rosso.

A questo punto si rese conto che, laddove non c'è luce visibile il calore si trasmette attraverso una forma di energia ancora sconosciuta. In pratica si accorse che il calore si propagava attraverso una forma invisibile di luce,

Grandi cluster molecolari (10-13 molecole)

dunque né per spostamento di aria calda né per diffusione attraverso un corpo solido.

Le ricerche di HERSCHEL portano a concludere che la luce solare non è composta solo da raggi visibili (blu-verde-giallo-arancione-rosso) e da quelli invisibili (gamma raggi x ultravioletti microonde e onde radio) ma anche da un raggio finora sconosciuto (infrarosso lontano o lungo). I dati acquisiti si sommano alla novità.

Si sa ormai che ogni raggio ha una sua lunghezza d'onda misurata in micron (1 micron corrisponde a un millesimo di millimetro) e una frequenza variabile, maggiore è la lunghezza d'onda minore è la frequenza della radiazione.

Una scoperta importante è stata fatta, quando alcuni scienziati hanno individuato dei lontani, i quali hanno delle capacità benefiche per la salute del corpo umano, tra le tante proprietà hanno anche quella di "declusterizzare", cioè di

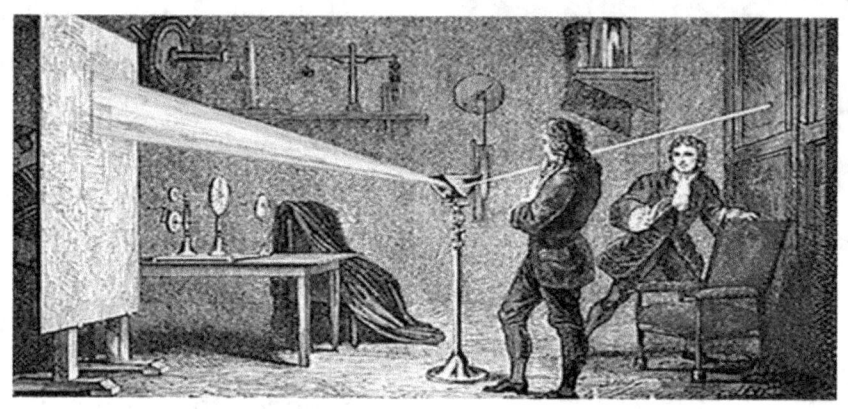

**1738 esperimento sullo spettro dei colori
con la scoperta del raggio infrarosso**

minerali in grado di riflettere i raggi infrarossi scomporre e dividere i Cluster.

Utilizzando un filato complesso, è possibile creare, tramite fusione ad alta temperatura e l'inserimento di minerali specifici, capi di abbigliamento che permettono, indossandoli, di godere molteplici benefici per la salute. Il

corpo umano produce F.I.R. sottoforma di calore. La Fibra minerale riflette tale calore generato e permette di ottimizzare i processi biologici che utilizzano l'acqua nel nostro organismo attraverso la declusterizazione.

Normalmente il nostro organismo sarebbe in grado di svolgere tale operazione autonomamente, ma fattori esterni quali l'inquinamento elettromagnetico sempre maggiore causato da cellulari, Wi-Fi, ponti radio telefonici e altro, causano l'inibizione notevole di tale capacità influenzando negativamente le capacità funzionali del corpo umano.

Anche cattive abitudini alimentari, la qualità degli alimenti sempre più industriali, la vita sedentaria, stress e inquinamento atmosferico, possono essere annoverate tra le principali cause per le quali si formano con un numero alto di molecole (grandi cluster). In pratica l'idrogeno dell'acqua attraverso un processo chiamato "reticolazione", forma un **Clatrato di molecole**.

I raggi infrarossi lontani sono in grado di penetrare il

Clatrato di molecole

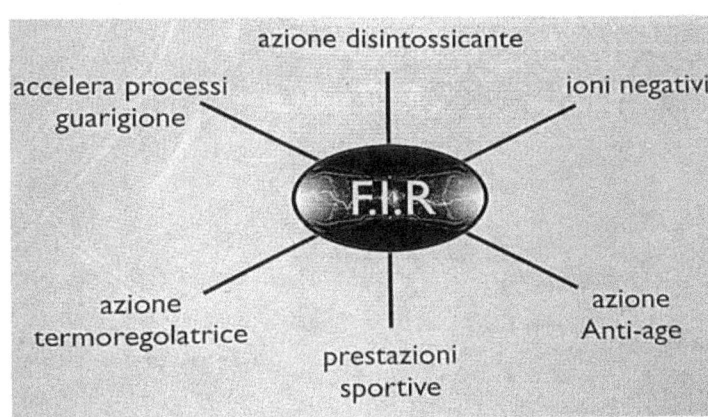

corpo in profondità (3/5 cm) e vibrare alla stessa frequenza dell'organismo umano (4-16 µm), apportando benefici incredibili.

Molti studi e ricerche in ambito biologico, hanno dimostrato che, grazie a queste caratteristiche, i F.I.R. vengono assorbiti con facilità dall'organismo con un contributo eccellente per la crescita e lo sviluppo. Infatti il calore naturale generato dai FIR facilita non solo il rilassamento dei muscoli contratti, ma anche l'alleviamento di molti dolori.

Questo grazie alla vasodilatazione che genera un aumento del flusso sanguigno portando ai tessuti un maggiore apporto di sostanze nutritive come, globuli bianchi, anticorpi e ossigeno, e, di fatto, facilitando la rimozione delle tossine, accelerando la risoluzione di problemi infiammatori e favorendo la riparazione dei tessuti, come per esempio nei problemi di Psoriasi.

ENERGIA DEI RAGGI INFRAROSSI LUNGHI

I raggi infrarossi lunghi penetrano profondamente nella pelle

DEEP PENETRATING FIR WAVES

FATTY TISSUE
BLOOD FLOW

Aiutano ad eliminare le tossine presenti nel corpo

Ottimizzano il ruolo dell'acqua nel metabolismo cellulare

IL F.I.R. RIDUCE IL DOLORE E LA DISFUNZIONE DEL DOLORE ARTICOLARE

In uno studio scientifico per valutare l'efficacia del F.I.R., alcuni pazienti sono stati trattati con luce infrarossa, altri con luce normale. Tutti i pazienti non sapevano a quale gruppo appartenessero. I pazienti trattati sono tutti affetti da osteoartrite del ginocchio.

Fonte:
Studio scientifico: Miglioramento dolore e disabilità nei pazienti anziani con artrosi degenerativa del ginocchio trattata con terapia FIR
J. dell'American Geriatrics Soc. 1992 40: 23-26

Il gruppo di pazienti che è stato trattato con onde infrarosse hanno mostrato: Una riduzione del dolore di circa la metà; un miglioramento significativo nella funzione dell'articolazione.

L'intervallo di tempo per un successivo trattamento di media è passato da 2 settimane a 6 mesi.

I F.I.R. ACCELERANO LA CRESCITA DEI TESSUTI

Un team di medici del **Medical College of Wisconsin (PROF. DR. WHELAN)** ha effettuato studi sull'efficacia dei raggi infrarossi e come possono aiutare a curare lesioni come ulcere degli arti inferiori, gravi ustioni o lesioni della bocca derivanti da chemioterapia. Gli studi hanno dimostrato che le onde infrarosse (F.I.R.) aumentano il livello di energia nelle cellule ne accelerano la guarigione.

In laboratorio, il team del **PROF. DR. WHELAN**, ha dimostrato, che la velocità di crescita delle cellule della pelle e dei muscoli trattati con raggi infrarossi (F.I.R.), aumenta del 150-200%, inoltre è stato anche osservato che i pazienti con lesioni muscolo-scheletriche, trattati con raggi infrarossi (F.I.R.), mostrano una guarigione più veloce anchedel 40% in più, rispetto ai pazienti non trattati.

MISURE DI FLUSSO DI SANGUE A LIVELLO OSSEO

Gambe di animali sono state irradiate per 5 minuti con raggi infrarossi. Il cambiamento nel flusso sanguigno è stato determinato prima del trattamento, 8,7 ml / min / 100g, dopo il trattamento 15,6 ml / min / 100g, quindi un aumento dell'80% circa. Il risultato dello studio mostra che i FIR provocano un marcato aumento del flusso sanguigno osseo. Pertanto, è stato proposto di utilizzare raggi infrarossi come terapia termica per migliorare il flusso di sangue all'osso.

Fonte: Dottor Y Kobu, Facoltà di scienze della salute, Kobe University School of Medicine.
Fonte: Kobe J Med Sci, 45 (1): 27-39 febbraio 1999

STUDI SCIENTIFICI

In Italia è stato pubblicato uno Studio Medico Scientifico di grande valore, che fa comprendere l'efficacia che hanno i raggi F.I.R. sull'essere umano. Lo studio è stato coordinato da:

Prof.ssa. Maurizia Botti - Politecnico di Milano

Equipe Prof. Pier Giuseppe Agostoni - Istituto Cardiologico Monzino di Milano

Prof.ssa. Ada Ferri Dott.ssa. e Dott.ssa. Francesca Dotti - Politecnico di Torino

Ing. Gian Guido Ramis - Università di Genova

Un altro importante studio è stato effettuato dall'Università degli studi di Pavia sulla Valutazione dell'efficacia cosmetica di un legging coadiuvante la riduzione degli inestetismi cutanei derivanti dalla cellulite e dalle adiposità localizzate mediante test clinico. I coordinatori dei test:

Prof. Plinio RICHELMI*,

Dott. Fernando Marco BIANCHI**,

Dott. Claudio ANGELINETTA***

* Professore Ordinario di Farmacologia. Direttore del Dipartimento di Medicina Interna e Terapia Medica. Facoltà Medicina e Chirurgia.

** Medico Chirurgo – Specialista in Dermatologia e Venereologia. Consulente CDC

*** Laurea in Chimica presso l'Università degli Studi di Milano; specializzato in Scienza e Tecnologia Cosmetiche presso l'Università degli Studi di Milano

Seguono schede dettagliate degli studi effettuati in doppio cieco:

- **Realizzazione, con filato Nilit ® *Innergy*, di una linea di tessuti tecnici dalle caratteristiche altamente performanti realizzati dal Maglificio Ripa spa sfruttando il principio del FIR.** Obiettivo dello studio e dimostrare l'effettiva efficacia del tessuto funzionalizzato con biominerali, attraverso la comparazione con tessuto *Classic* di confronto, di stessa composizione, ma non funzionalizzato.

- **UNIVERSITA' DEGLI STUDI DI PAVIA DIPARTIMENTO DI MEDICINA INTERNA E TERAPIA MEDICA:** Valutazione dell'efficacia cosmetica di un legging coadiuvante la riduzione degli inestetismi cutanei derivanti dalla cellulite e dalle adiposità localizzate mediante test clinico - Committente: NILITR Fibers LTD.

- **SCHEDE NILIT ®**

- **NASA:** Light Technology Successfully Reduces Cancer Patients Painful Side Effects from Radiation and Chemotherapy - 03.03.11

PROGETTO NILIT® INNERGY

Studio a cura di Prof.ssa Maurizia Botti

Realizzazione, con filato Nilit® *Innergy*, **di una linea di tessuti tecnici dalle caratteristiche altamente performanti realizzati dal Maglificio Ripa spa sfruttando il principio del** *FIR*.

Obiettivo dello studio è dimostrare l'effettiva efficacia del tessuto funzionalizzato con biominerali, attraverso la comparazione con tessuto *Classic* di confronto, di stessa composizione, ma non funzionalizzato.

Coordinatrice dello studio è Prof.ssa **Maurizia Botti**, Politecnico di Milano, con la collaborazione di:

- Università di Genova - Ing. **GianGuido Ramis**

- Politecnico di Torino - Prof.ssa **Ada Ferri** – Dott.ssa **Francesca Dotti**

- Istituto Centro Cardiologico Monzino - Equipe Prof. **PierGiuseppe Agostoni**

Lo studio prevede test in patch e test in vivo.

La **prima fase dello studio** si è svolto presso il Dipartimento di Ingegneria Civile, Chimica e Ambientale (DICCA) dell'Università di Genova, sotto la direzione del Prof. Gianguido Ramis.

Sono stati eseguiti gli **spettri infrarossi** a trasformate di Fourier (FT-IR) del tessuto *Innergy* e del corrispondente denominato *Classic*. In allegato la relazione, dalla quale si evidenzia una significativa variazione della linea di base nell'intervallo spettrale tra 1900 e 1700 cm^{-1} indicante un **maggiore assorbimento di radiazione da parte del materiale** *Innergy*. Tale andamento, sia pur con intensità diversa, è osservabile in tutti gli spettri *Innergy*. Un comportamento di questo genere è compatibile con la presenza di una sostanza inorganica incorporata saldamente alla fibra poliammidica e in grado di interagire, assorbendola prima e riemettendola secondo le normali regole di rilassamento del legame chimico, con una radiazione infrarossa compresa tra gli 800 e 2000 cm^{-1} (vale a dire comprendente la frequenza termica emessa da un corpo umano).

L'esito di tale sperimentazione ha creato la premessa per la prosecuzione del test in vivo, al fine di valutare l'**effetto di capi d'abbigliamento funzionalizzati con minerali naturali IR-reflecting sulla fisiologia umana.**

La **seconda fase dello studio** si è svolta presso il Centro Cardiologico Monzino, dall'Equipe medica diretta dal Prof. PierGiuseppe Agostoni, con la collaborazione del Politecnico di Torino, Prof.ssa Ada Ferri e Dott.ssa Francesca Dotti.

PROGETTO NILIT® INNERGY

Studio a cura di Prof.ssa Maurizia Botti

Sono stati confezionati dieci completi underwear in colore nero con tessuto *Innergy* e altrettanti con tessuto *Classic*. Il tessuto *Innergy* è identificato dalle cuciture arancio (A), mentre il *Classic* dalle cuciture verdi (V).

I test sono stati eseguiti in doppio cieco, ovvero i volontari non sapevano quale capo contenesse i biominerali. Sono stati compilati dai volontari due questionari: uno all'inizio dell'attività fisica ed uno al termine, allo scopo di determinare il comfort fisico percepito.

Durante l'attività fisica sono stati indagati sia parametri strettamente medici, derivanti da un test da sforzo cardiopolmonare unito all'analisi della concentrazione del lattato nel sangue, e altri legati al comfort termo-fisiologico dei capi d'abbigliamento, quali temperatura e umidità del microclima e valutazione delle sensazioni soggettive.

L'analisi dei parametri medici ha portato ad evidenziare un **effetto benefico dei capi d'abbigliamento funzionalizzati con minerali naturali in termini di tolleranza all'esercizio**[1]. Dall'analisi dei parametri influenzati dai capi d'abbigliamento IR-reflecting, si può ipotizzare un'azione dei raggi infrarossi sul microcircolo periferico, garantendo così un **miglior trasporto dell'ossigeno ai tessuti muscolari** e favorendo l'allontanamento delle sostanze di rifiuto dagli stessi. Indossando l'abbigliamento funzionalizzato con minerali naturali, si evidenzia, inoltre, un aumento inferiore della concentrazione di lattato nel sangue, ciò vuol dire che **la soglia anærobica sopraggiunge più lentamente, rendendo possibile protrarre più a lungo l'attività fisica.**

Dall'analisi dei dati di temperatura e umidità del microclima, non si ottengono differenze significative indossando il capo d'abbigliamento funzionalizzato piuttosto che il placebo. Questo è indice che **l'aggiunta dei minerali naturali non alterano il trasporto di calore e umidità dal corpo verso l'ambiente.**

Infine, l'analisi dei questionari ha evidenziato che il miglioramento di alcuni parametri fisiologici si traduce in un **miglior comfort termo-fisiologico percepito con l'abbigliamento funzionalizzato con minerali naturali.** Al temine dell'attività fisica, soltanto il 20% dei volontari percepiscono una sensazione di caldo con l'abbigliamento con minerali naturali, mentre questa percentuale sale al 60% nel caso dell'abbigliamento placebo.

Coordinatrice Studio Innergy:

Prof. Maurizia BOTTI
maurizia.botti@polimi.it

---

1. Infatti, i risultati ottenuti mostrano un aumento significativo del consumo di ossigeno al picco (VO2 peak), della produzione dell'anidride carbonica al picco (VCO2 peak), della soglia anærobica (AT), della frequenza cardiaca alla soglia anærobica (FC AT), del lavoro alla soglia anærobica (WR AT) e al picco (WR peak), tutti indici di una migliore capacità di svolgere l'esercizio fisico.

PROGETTO NILIT® INNERGY

Studio a cura di Prof.ssa Maurizia Botti

Fig. 1

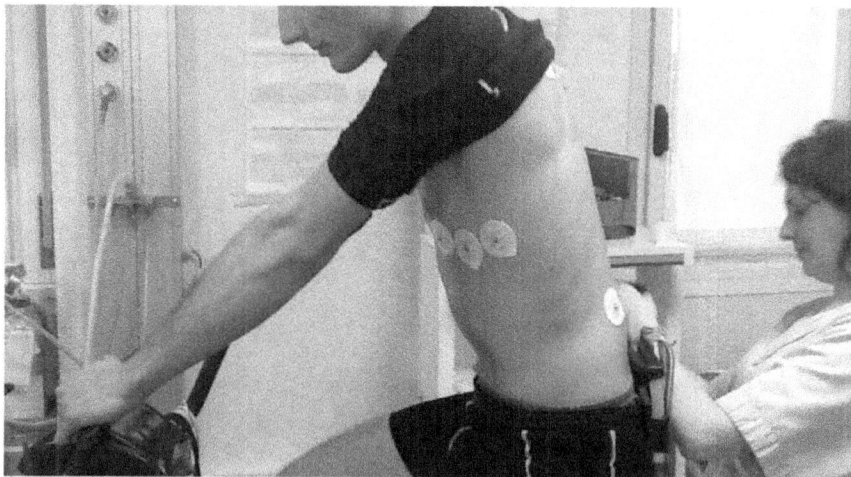

Fig. 2

Fig. 1   Test in vivo, volontario Prof. PierGiuseppe Agostoni
Fig. 2   Applicazione elettrodi per misurazione parametri

PROGETTO NILIT® INNERGY

Studio a cura di Prof.ssa Maurizia Botti

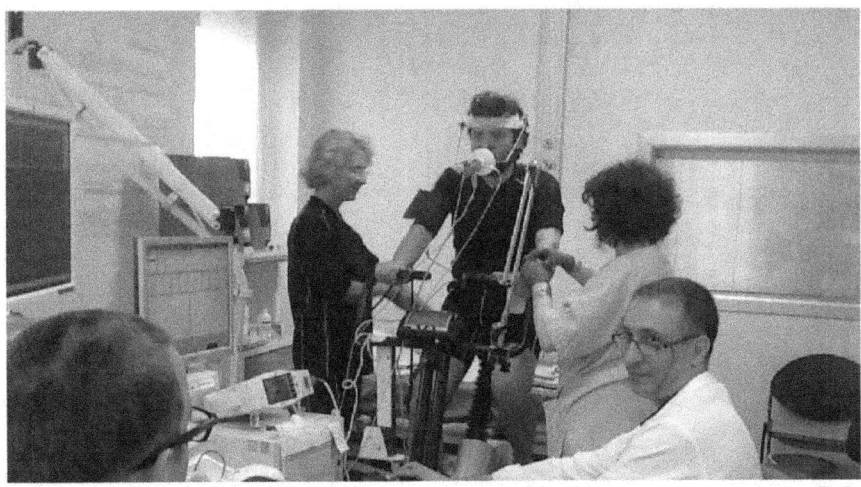

Fig. 3

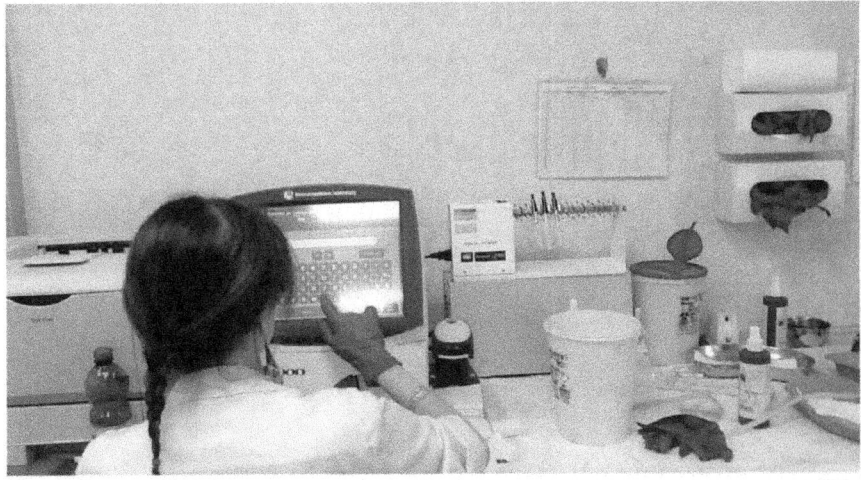

Fig. 4

Fig. 3   Prelievo ematico su volontario
Fig. 4   Analisi per misurazione lattato

UNIVERSITA' DEGLI STUDI DI PAVIA
DIPARTIMENTO DI MEDICINA INTERNA E TERAPIA MEDICA
(Direttore: Prof. Plinio Richelmi)

Bio Basic Europe S.r.l.
Via Antonio Panizzi, 10 - 20146 Milano
Phone +39 09 4155284 - fax 09 4150184
info@biobasiceurope.it - www.biobasiceurope.it

ISCR. PROV. SOC. IPW AN 2580337
SCPPA 90 15 11487 - CPW SOC. E 10.845-89
C F PNZR 13990060150

Valutazione dell'efficacia cosmetica di un legging coadiuvante la riduzione degli inestetismi cutanei derivanti dalla cellulite e dalle adiposità localizzate mediante test clinico

Prof. Plinio RICHELMI*, Dott. Fernando Marco BIANCHI**, Dott. Claudio ANGELINETTA***

Committente: NILIT® Fibers LTD.

Premessa

Obiettivo del presente test clinico è quello di valutare l'efficacia di un legging nel coadiuvare la riduzione della visibilità degli inestetismi cutanei derivanti dalla cellulite e dalle adiposità localizzate mediante uno studio clinico controllato con placebo e in doppio cieco. Inoltre è stata valutata la gradevolezza d'uso.

Il test è stato condotto da dermatologo membro dello staff Bio Basic Europe ed è così articolato:

sono state selezionate 40 donne di età compresa tra i 18 ed i 60 anni, aventi cellulite e adiposità localizzate. Le volontarie sono state suddivise in 2 gruppi di egual numero.

Un gruppo utilizza il LEGGING NILIT® INNERGY mentre l'altro gruppo utilizza il corrispondente prodotto PLACEBO (stessa costruzione e stesso aspetto del prodotto LEGGING NILIT® INNERGY, ma fabbricato con fibre normali in nylon 6.6 di pari titolazione).

I prodotti sono stati utilizzati 8 ore al giorno per un periodo di 56 giorni.

Durante questo periodo sono stati valutati alcuni specifici parametri strumentali, antropometrici e clinici come elasticità cutanea, ECW (valutazione dell'acqua extracellulare), FM (valutazione della massa grassa), circonferenze coscia e glutei, levigatezza, compattezza, riduzione dell'aspetto pelle "a buccia d'arancia" e variazione visibilità dei noduli. Inoltre sono state raccolte una serie di valutazioni sensoriali espresse dalle stesse volontarie. Per l'autovalutazione si è utilizzata la scala VNS con valori da 0 a 10.

In base ai risultati ottenuti durante lo studio clinico si può affermare che, nelle volontarie sottoposte a test, il prodotto LEGGING NILIT® INNERGY:

- ha dimostrato di coadiuvare la riduzione della visibilità degli inestetismi cutanei derivanti dalla cellulite e dalle adiposità localizzate
- ha dimostrato di migliorare l'elasticità cutanea, la levigatezza e la compattezza cutanea.
- ha dimostrato inoltre di possedere una discreta gradevolezza all'uso.

Prof. Plinio RICHELMI, Professore Ordinario di Farmacologia. Direttore del Dipartimento di Medicina Interna e Terapia Medica. Facoltà Medicina e Chirurgia. Università di Pavia

**Dott. Fernando Marco BIANCHI, Medico Chirurgo – Specialista in Dermatologia e Venereologia. Consulente CDC, Via A. Panizzi, 10 – 20146 MILANO*

*** Dott. Claudio ANGELINETTA, laurea in Chimica presso l'Università degli Studi di Milano; specializzato in Scienza e Tecnologia Cosmetiche presso l'Università degli Studi di Milano. Direttore Tecnico BIO BASIC EUROPE S.r.l., Via Antonio Panizzi, 10 - 20146 Milano*

INTRODUZIONE

Il legging INNERGY, realizzato con filato Nilit® Innergy.

PARTE SPERIMENTALE

Scopo

Tale test consente di valutare se il prodotto sottoposto a test possieda un'attività cosmetica nei confronti degli inestetismi cutanei legati alla cellulite e alle adiposità localizzate. In particolare si valuta se l'uso quotidiano del prodotto modifica in modo significativo alcuni parametri strumentali e clinici: elasticità cutanea, ECW (valutazione dell'acqua extracellulare), FM (valutazione della massa grassa), compattezza cutanea, levigatezza cutanea, variazione della visibilità dell'aspetto pelle "a buccia d'arancia" e dei noduli.
Inoltre il test fornisce informazioni sulla gradevolezza all'uso del prodotto.

CARATTERISTICHE DELLO STUDIO

Panel

Sono stati selezionati 40 soggetti di sesso femminile, aventi età compresa tra i 18 ed i 60 anni, adiposità localizzate e cellulite, secondo determinati criteri di inclusione ed esclusione.

Modalità di conduzione del test

Il test e stato condotto in doppio cieco:
- lo sperimentatore non sa a quale gruppo appartengono le volontarie (se a quello che utilizza il LEGGING NILIT® INNERGY o a quello che utilizza il placebo).
- le volontarie non sono a conoscenza del loro gruppo di appartenenza e quindi non sanno se utilizzano il LEGGING NILIT® INNERGY attivo oppure il placebo.
Il placebo ha la stessa costruzione e stesso aspetto del prodotto LEGGING NILIT® INNERGY, ma fabbricato con fibre normali in nylon 6.6 di pari titolazione.

Uso

I campioni sono stati indossati 8 ore al giorno per 56 giorni consecutivi.

ESECUZIONE DEL TEST

Il prodotto è stato utilizzato dalle volontarie 8 ore al giorno per un periodo di 56 giorni.
Prima dell'inizio del trattamento, dopo 28 e 56 giorni di utilizzo del prodotto, i seguenti parametri sono stati valutati in studio dallo sperimentatore:

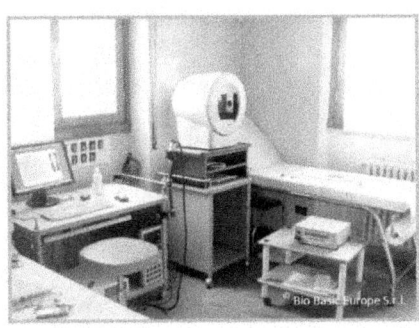

Parametri strumentali

I parametri strumentali si ottengono dalla misurazione con opportuni e determinati strumenti.

-   *Vengono effettuate misurazioni di elasticità con l'elastometro CUTOMETER® MPA 580*
    Nella fase di rilascio, si può osservare quanto rimane deformata la cute.

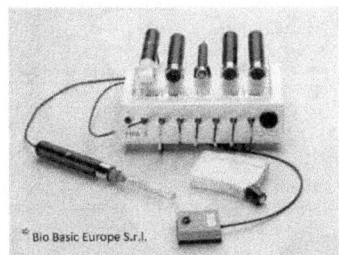

24

- Vengono effettuate misurazioni della massa grassa (FM) e acqua extracellulare (ECW) tramite l'analisi di **IMPEDENZIOMETRIA**, o BIA (Body Impedance Analysis) con INBODY 230

La FM (*Fat Mass*) rappresenta la massa lipidica (trigliceridi) totale del corpo. Il compartimento del grasso corporeo, anidro, non contiene potassio ed ha una densità relativamente costante di 0.9kg/L. È determinata in kg e nell'uomo di riferimento costituisce circa il 15% del peso corporeo.

L'ECW (*Extra Cellular Water*) rappresenta circa il 40% dell'acqua totale corporea (TBW). L'ECW comprende l'acqua interstiziale (14% del peso corporeo), plasmatica (4%), linfatica (1%) e transcellulare (1%).

Parametri antropometrici

Misurazione delle circonferenze mediante l'utilizzo di un sistema metrico. Ogni dato antropometrico rappresenta la media di 3 misurazioni.

- Circonferenza coscia (cm)
- Circonferenza glutei (cm)

Parametri clinici

Valutazione clinica eseguita dallo specialista mediante palpazione dell'area interessata.

- Compattezza cutanea
  La compattezza è il comportamento passivo della cute all'applicazione di una pressione negativa

- Levigatezza cutanea
  La levigatezza cutanea indica quanto la pelle è liscia

- Miglioramento visibilità aspetto pelle "a buccia d'arancia"
  La texture della pelle è simile alla buccia d'arancia, inestetismo cutaneo caratteristico della cellulite

- Miglioramento visibilità noduli
  Formazioni micro o macro nodulari visibili, palpabili e talvolta doloranti che caratterizzano il tessuto cellulitico

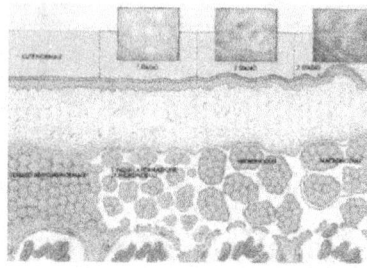

Valutazioni soggettive

Dopo l'uso del prodotto, ai tempi [t28] e [t56] giorni, sono poi state raccolte una serie di valutazioni soggettive.

Per l'autovalutazione si è utilizzata la scala VNS con valori da 0 a 10, dove 0 è il valore minimo e 10 il valore massimo.

METODOLOGIA STATISTICA

I **parametri strumentali, antropometrici e le valutazioni soggettive** sono stati valutati mediante il **test di Student (t-test)** per dati appaiati e dati indipendenti.

Per quanto riguarda i **parametri clinici** ed i confronti intra- ed infra-gruppo si è utilizzato il **test di Wilcoxon per la somma dei ranghi**.

Significatività statistica

La **significatività statistica** indica che ciò che è stato osservato è difficilmente dovuto al caso, inoltre può fornire una indicazione della forza con cui i dati contrastano l'**ipotesi zero (o ipotesi nulla)**.

RISULTATI

Di seguito si riassumono i risultati ottenuti dopo 56 giorni di utilizzo del prodotto.

Parametri strumentali

ELASTICITA' CUTANEA (COSCIA)			
	T0	T28	T56
Media	0.650	0.703	0.731
Incremento %		8%	12%
Significatività statistica		Sì (t<0.01)	Sì (t<0.01)

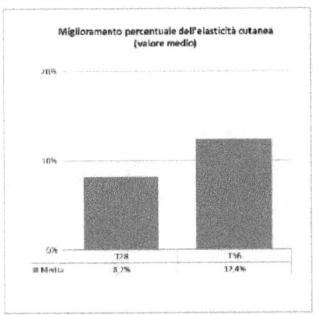

FM (Kg) – MASSA GRASSA			
	T0	T28	T56
Media	19.565	18.945	18.420
Δ (valore medio)		-0.62 Kg	-1.15 Kg
Significatività statistica		Sì (t<0.01)	Sì (t<0.01)

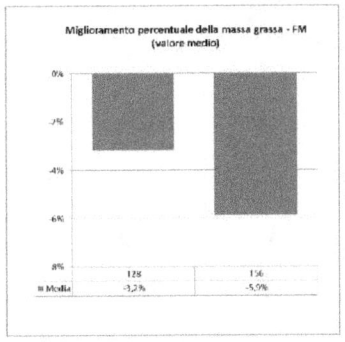

ECW (litri) – ACQUA EXTRACELLULARE			
	T0	T28	T56
Media	12.655	12.130	11.595
Δ (valore medio)		-0.53 litri	-1.06 litri
Significatività statistica		Sì (t<0.01)	Sì (t<0.01)

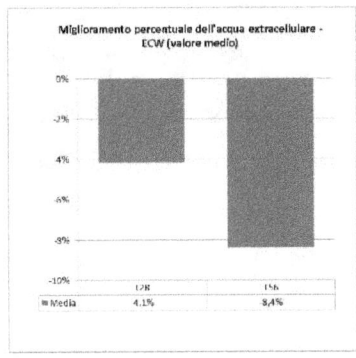

Parametri antropometrici

CIRCONFERENZA GLUTEI (cm)			
	T0	T28	T56
Media	100.03	99.45	98.95
Δ (valore medio)		-0.58 cm	-1.08 cm
Significatività statistica		Sì (t<0.01)	Sì (t<0.01)

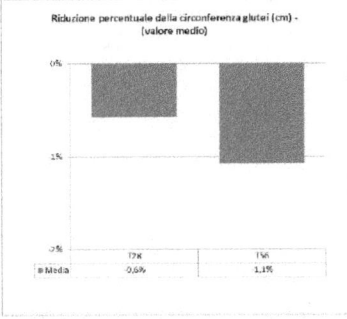

26

CIRCONFERENZA COSCIA (cm)			
	T0	T28	T56
Media	59.63	59.10	58.65
Δ (valore medio)		-0.53 cm	-0.98 cm
Significatività statistica		Sì (t<0.01)	Sì (t<0.01)

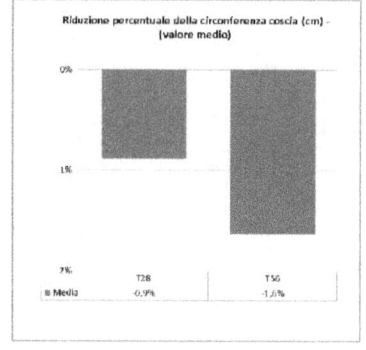

Riduzione percentuale della circonferenza coscia (cm) - (valore medio)

LEVIGATEZZA CUTANEA			
	T0	T28	T56
Media giudizio	Sufficiente	Sufficiente	Discreta
Media valore	1.85	2.40	2.90
% di volontari in cui si è registrato un miglioramento		45%	85%
Significatività statistica		Sì (T<T-crit)	Sì (T<T-crit)
Criteri di valutazione: 1=Insufficiente; 2=Sufficiente; 3=Discreta; 4=Buona; 5=Ottima			

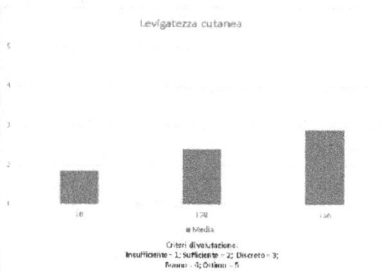

Levigatezza cutanea

Parametri clinici

COMPATTEZZA CUTANEA			
	T0	T28	T56
Media giudizio	Sufficiente	Sufficiente	Discreta
Media valore	1.85	2.40	2.85
% di volontari in cui si è registrato un miglioramento		50%	85%
Significatività statistica		Sì (T<T-crit)	Sì (T<T-crit)
Criteri di valutazione: 1=Insufficiente; 2=Sufficiente; 3=Discreta; 4=Buona; 5=Ottima			

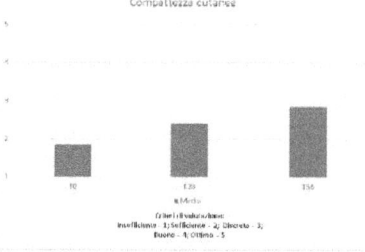

Compattezza cutanea

MIGLIORAMENTO VISIBILITA' ASPETTO PELLE "A BUCCIA D'ARANCIA"			
	T0	T28	T56
Media giudizio	Moderata	Moderata	Moderata
Media valore	2.50	2.90	3.30
% di volontari in cui si è registrato un miglioramento		35%	75%
Significatività statistica		Sì (T<T-crit)	Sì (T<T-crit)
Criteri di valutazione: 1=Molto evidente; 2=Evidente; 3=Moderata; 4=Lieve; 5=Assente			

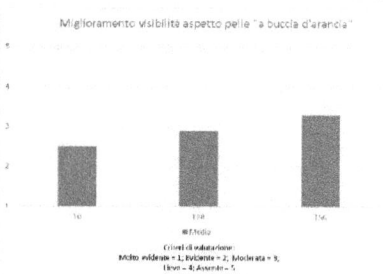

Miglioramento visibilità aspetto pelle "a buccia d'arancia"

MIGLIORAMENTO VISIBILITA' NODULI			
	T0	T28	T56
Media giudizio	Moderata	Moderata	Moderata
Media valore	2.85	3.00	3.40
% di volontari in cui si è registrato un miglioramento		15%	55%
Significatività statistica		NO (T>T-crit)	Sì (T<T-crit)

Criteri di valutazione:
1=Molto evidente; 2=Evidente; 3=Moderata; 4=Lieve; 5=Assente

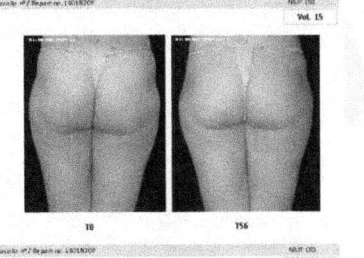

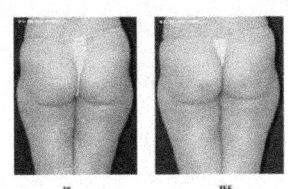

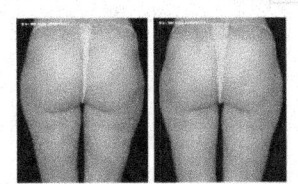

Fig. Miglioramento della visibilità della pelle " a buccia d'arancia" e delle imperfezioni causate dalle adiposità localizzate (rif. report 1401N30F, Committente: NILIT®Fibers LTD.)

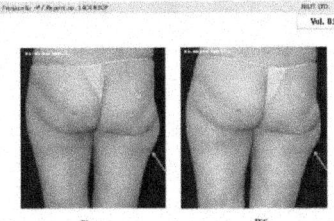

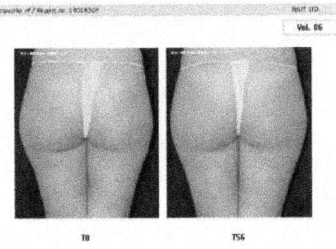

Valutazioni soggettive

N. domande autovalutazioni	T28 – valore medio	T56 – valore medio
1	6.55	7.00
2	6.70	7.05
3	6.80	7.00
4	6.65	7.30
5	6.15	6.55
6	6.00	6.45
7	6.70	7.00
8	6.90	7.20
9	7.50	7.85
10	7.60	7.85

Elenco domande autovalutazioni:

1) In che misura ritiene che il prodotto migliori/aumenti la compattezza della sua pelle?

2) In che misura ritiene che il prodotto migliori/aumenti la levigatezza della sua pelle?

3) In che misura ritiene che il prodotto migliori/aumenti la tonicità della sua pelle?

4) In che misura ritiene che il prodotto migliori/aumenti l'elasticità della sua pelle?

5) In che misura ritiene che il prodotto attenui l'aspetto a "buccia d'arancia" della pelle?

6) In che misura ritiene che il prodotto attenui i cuscinetti adiposi (adiposità localizzate)?

7) Dopo l'uso del prodotto in che misura ha percepito che la sua pelle sia più soda?

8) In quale misura ritiene che l'uso del prodotto rimodelli/migliori la silhouette?

9) Giudizio complessivo sul prodotto.

10) Acquisterebbe il prodotto per le sue caratteristiche?

CONCLUSIONI

Il prodotto oggetto del test è in grado di modificare, nel periodo di trattamento, i parametri strumentali, antropometrici e clinici valutati nei volontari sottoposti a test. Il prodotto ha dimostrato quindi di coadiuvare la riduzione della visibilità degli inestetismi cutanei causati dalla cellulite e dalle adiposità localizzate. Ha dimostrato possedere efficacia nel migliorare l'elasticità cutanea, la compattezza e la levigatezza cutanea.

Il prodotto ha dimostrato inoltre di possedere una discreta gradevolezza all'uso.

BIBLIOGRAFIA

- *Regolamento (CE) n. 1223/2009 del Parlamento europeo e del Consiglio, del 30 novembre 2009, sui prodotti cosmetici*

- *Dichiarazione di Helsinki - Principi etici per la ricerca medica che coinvolge soggetti umani. Adottata dalla 18° Assemblea Generale dall'AMM a Helsinki, Finlandia, nel giugno 1964 e successivi emendamenti (riferimento ultimo emendamento: 59° Assemblea Generale a Seoul, Ottobre 2008).*

- *Guidelines for the Evaluation of the Efficacy of Cosmetic Products, Revised version May 2008 Cosmetics Europe – The personal care association*

Controllo Qualità

Dott. Claudio Angelinetta

NILIT® INNERGY®

NILIT®
It's all about
innovation in
Nylon

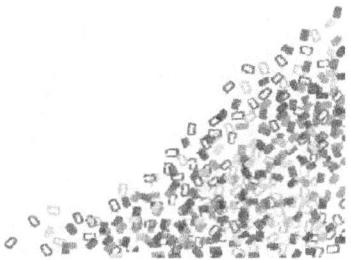

NILIT®Fibers

Progetto: NILIT INNERGY

Punti più importanti dei risultati Dall'Università di Genova :

➤ " ... noi possiamo sottolineare una significativa variazione della linea di base nell'intervallo spettrale tra 1900 e 1700 cm^{-1} indicante **un maggior assorbimento di radiazioni da parte del materiale Innergy** .

Dal Centro Cardiologico Monzino of Milano:

➤ " ... un azione dei raggi infrarossi sul microcircolo periferico, **garantendo così un miglior trasporto dell'ossigeno ai tessuti muscolari e favorendo l'allontanamento delle sostanze di rifiuto dagli stessi** ... " e " ... così che la soglia anaerobica sopraggiunga più lentamente, rendendo possibile protrarre più a lungo l'attività fisica."

Dal Politecnico of Torino:

➤ " ... **l'aggiunta dei minerali naturali non alterano il trasporto del calore e umidità dal corpo verso l'ambiente..** " e " ... **miglior confort termo-fisiologico percepito con l'abbigliamento funzionalizzato con minerali naturali...**"

IMPORTANTE

Mentre per un'automobile:

Basso consumo = alta efficienza

Nel corpo umano:

Basso consumo = Bassa efficienza

Alto
consumo di
ossigeno
(ml/kg)

Basso
consumo di
ossigeno

Risultati principali: 1- Consumo di ossigeno al picco

Il maggiore consumo di ossigeno al picco riscontrato quando i soggetti indossano l'abbigliamento Innergy è spiegabile supponendo un miglior trasporto periferico dell' ossigeno dovuto all'azione di riscaldamento e conseguente vasodilatazione a livello capillare da parte dei raggi infrarossi

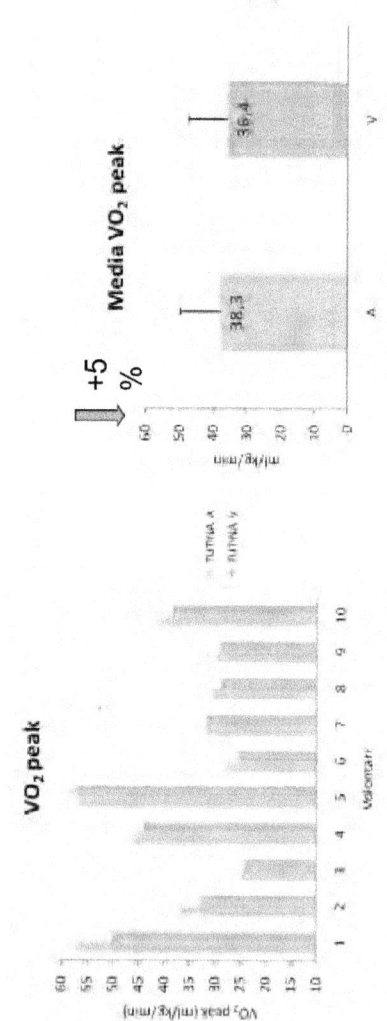

Fig.3: Grafici relativi al consumo di ossigeno al picco.

Risultati Principali : 2- Soglia Anaerobica

La soglia anaerobica rappresenta il punto di attivazione del meccanismo anaerobico oltre cui la produzione di anidride carbonica, la ventilazione ed il livello di acido lattico prodotto crescono rapidamente. A parità di lavoro, un raggiungimento ritardato della soglia anaerobica permette una tolleranza maggiore e prolungata nel tempo dello sforzo fisico.

La soglia anaerobica sopraggiunge più tardi durante il test indossando l'abbigliamento funzionalizzato Innergy rispetto all'abbigliamento placebo.

La frequenza cardiaca alla soglia anaerobica (FC AT) è maggiore indossando l'abbigliamento funzionalizzato Innergy (A) rispetto al placebo (V).

Una Frequenza cardiaca più elevate alla soglia anaerobica è legata all'intensità maggiore dell'esercizio al momento della soglia, indossando l'abbigliamento Innergy.

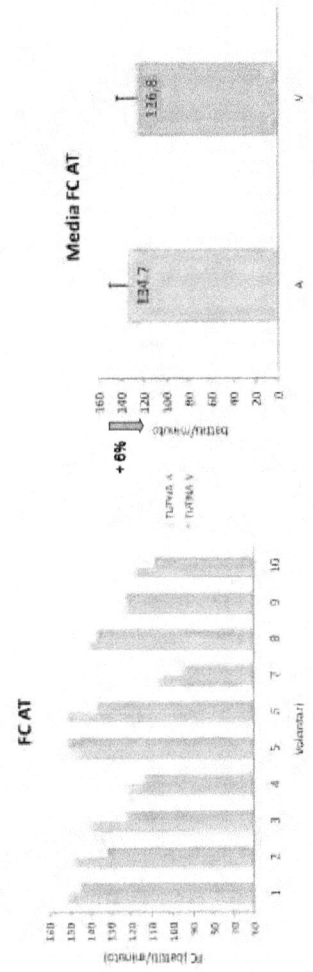

Fig.5: Grafici relativi alla frequenza cardiaca alla soglia anaerobica.

34

Risultati Principali : 3- Durata del Test

La durata del test (Durata) è maggiore indossando l'abbigliamento funzionalizzato Innergy (A) rispetto al placebo (V).

La durata maggiore del test indossando l'abbigliamento FIR indica maggiore capacità di lavoro e questo corrisponde al maggior consumo di ossigeno osservato

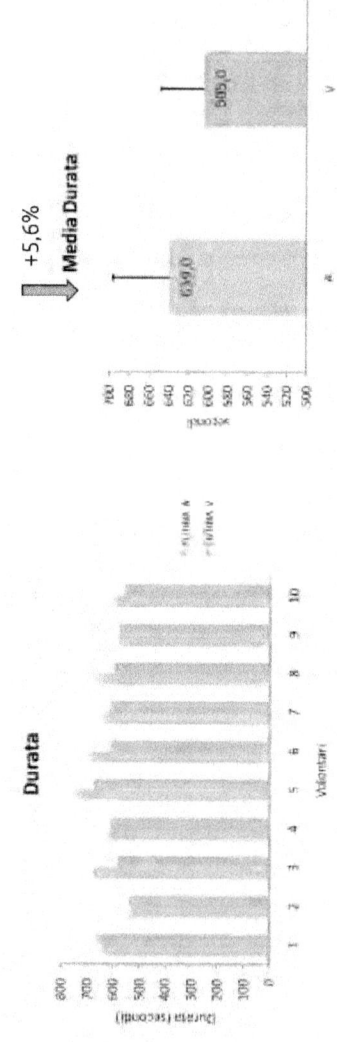

Fig.6: Grafici relativi alla durata del test.

Risultati Principali : 6- Lattato nel tempo

Valore medio dei 10 volontari

La concentrazione di lattato nel sangue è indipendente dall'abbigliamento indossato fino a circa 6 minuti dall'inizio del test, per poi aumentare rapidamente durante le prove effettuate con l'abbigliamento placebo (V).

Indossando invece l'abbigliamento Innergy (A) l'aumento della concentrazione di lattato nel sangue è minore e ritardata permettendo così una performance sportive superiore.

Media Lattati

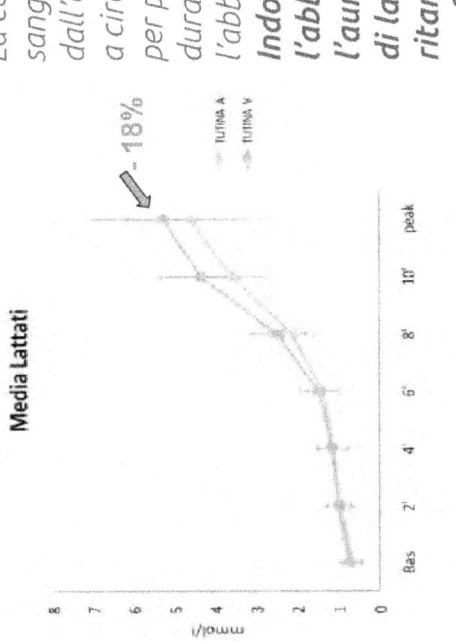

Fig.11: Grafici relativi all'andamento medio del lattato nel tempo.

Risultati Principali : Temperatura -Umidità

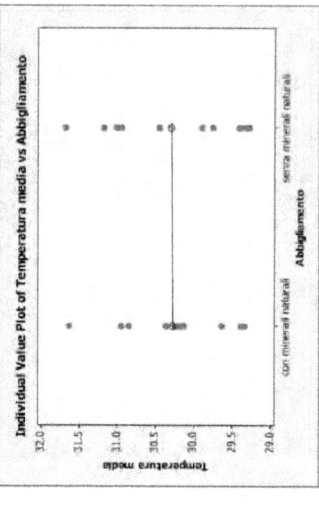

Fig. 14: Analisi della varianza della temperatura media del microclima (p=0.952).

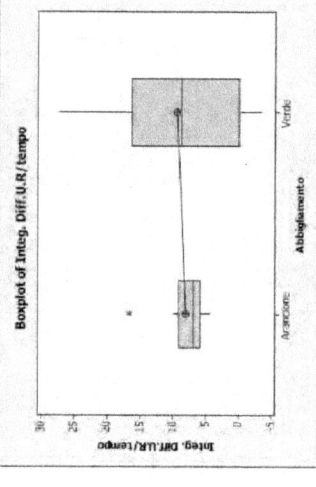

Fig. 22: Boxplot della differenza fra umidità del microclima e umidità dell'ambiente.

L'analisi della varianza ha evidenziato che i due pallini blu non sono statisticamente differenti. Quindi, *la temperatura del microclima non è significativamente influenzata dal tipo di maglietta indossata.* (Da non confondere con la temperatura del corpo!!!)

l'umidità del microclima, depurata dall'influenza dell'umidità dell'ambiente, è omogenea per i 10 volontari, indossando l'abbigliamento Innergy.

Caratteristiche Cliniche del test
Con parametri oggettivi

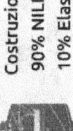

Il leggings è stato indossato dalle volontarie per 8 ore al giorno per 56 giorni.

I soggetti che si sono sottoposti al test erano 40 donne, di età compresa fra i 18 ed i 60 anni d'età con cellulite e adiposità localizzate, le quali erano :
- In buono stato di salute
- Non presentavano malattie cutanee
- Non erano sottoposte a cure particolari
- Si sono impegnate a non modificare il loro stile di vita
- Nessuna allergica cutanea conclamata o conosciuta
- Nessuna malattia psicologica

Costruzione del leggins:
90% NILIT INNERGY
10% Elastan

Test eseguito in modalità doppio cieco

Letture dei dati e valutazioni sono state prese :
-1- Al giorno d'inizio test [t0]
-2- Dopo 28 giorni [t28]
-3- Dopo 56 giorni [t56]

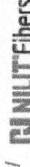

NILIT Fibers

38

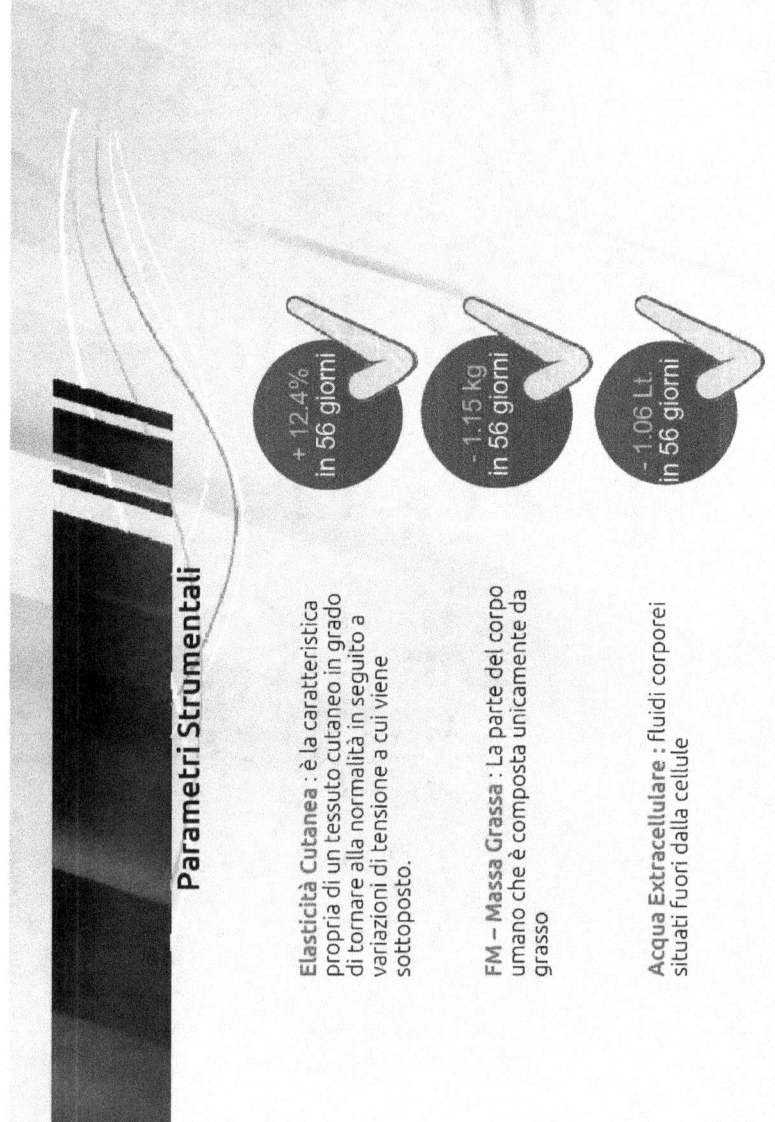

Parametri Strumentali

Elasticità Cutanea : è la caratteristica propria di un tessuto cutaneo in grado di tornare alla normalità in seguito a variazioni di tensione a cui viene sottoposto.

FM – Massa Grassa : La parte del corpo umano che è composta unicamente da grasso

Acqua Extracellulare : fluidi corporei situati fuori dalla cellule

+ 12.4 %
in 56 giorni

– 1.15 kg
in 56 giorni

– 1.06 Lt.
in 56 giorni

NILIT®Fibers

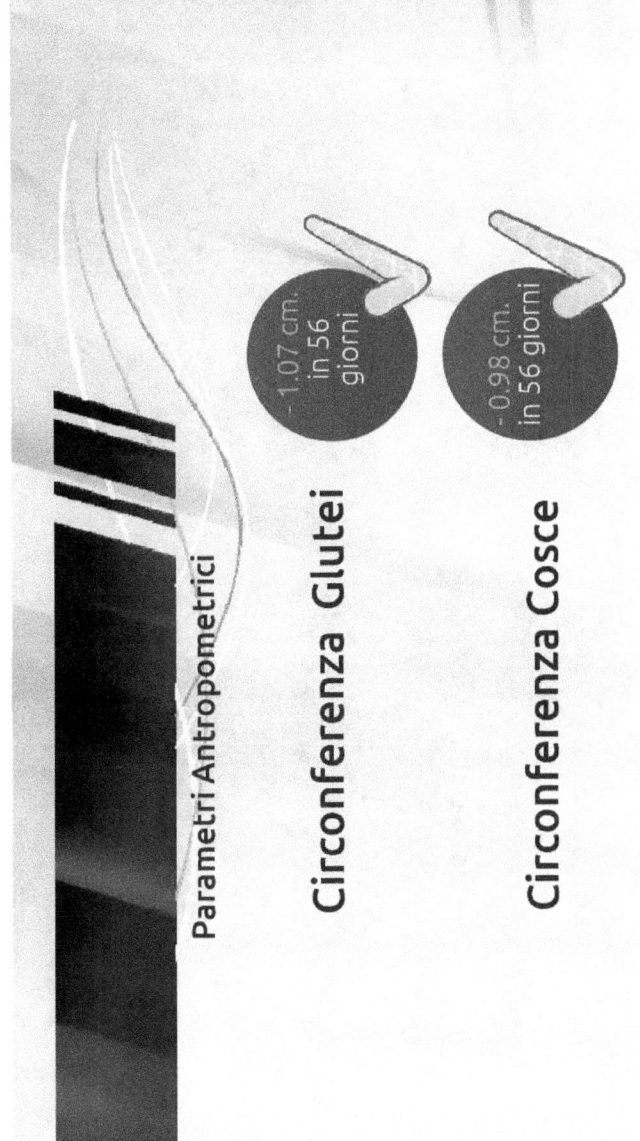

Parametri Antropometrici

Circonferenza Glutei

-1.07 cm.
in 56
giorni

Circonferenza Cosce

-0.98 cm.
in 56 giorni

NILIT Fibers

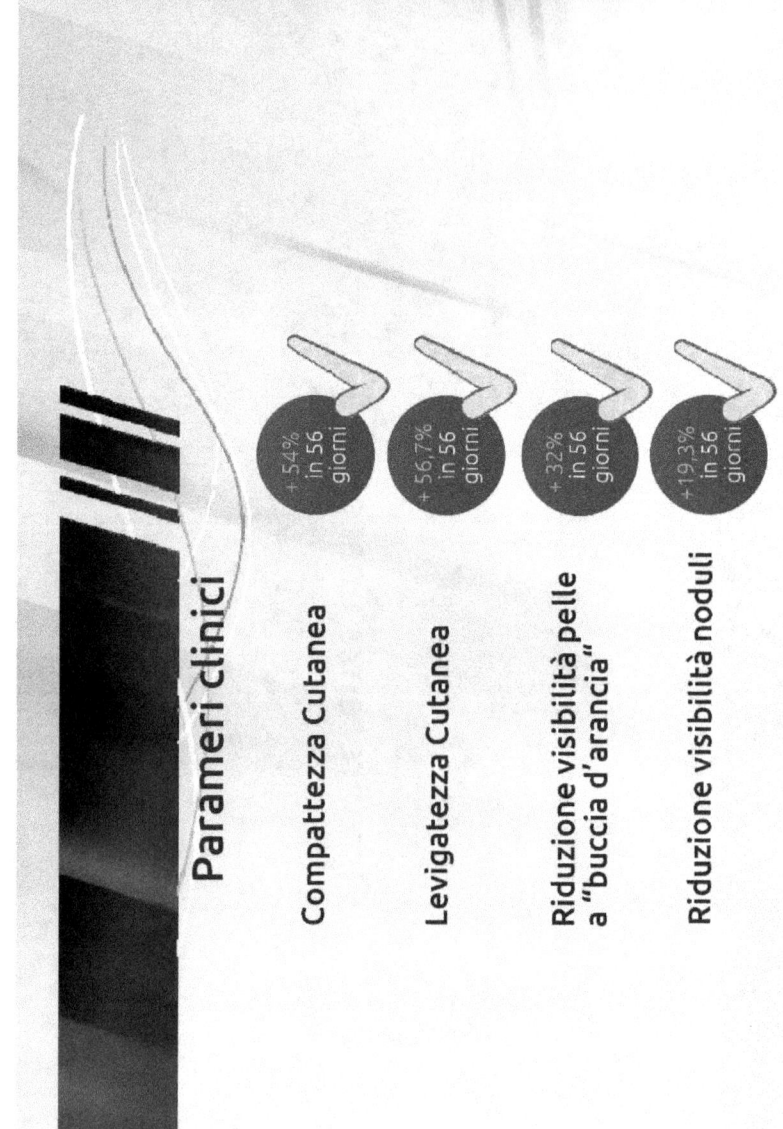

Parameri clinici

Compattezza Cutanea

+ 54% in 56 giorni

Levigatezza Cutanea

+ 56,7% in 56 giorni

Riduzione visibilità pelle a "buccia d'arancia"

+ 32% in 56 giorni

Riduzione visibilità noduli

+ 19,3% in 56 giorni

NILIT™Fibers

Questionario di Autovalutazione

QUESTIONNAIRE

	INNERGY		PLACEBO	
	T28	T56	T28	T56
1 How much do you think this product increases skin compactness?	6.50	7.00	5.50	5.85
2 How much do you think this product increases skin smoothness?	6.31	7.03	5.75	6.15
3 How much do you think this product increases skin tonicity?	6.80	7.00	5.50	5.00
4 How much do you think this product increases skin elasticity?	6.65	7.30	5.90	5.75
5 How much do you think this product visibly reduces the appearance of orange peel?	6.15	6.55	5.40	5.55
6 How much do you think this product visibly reduces local adiposities?	6.00	6.45	5.10	5.30
7 After the product use how much do you feel your skin is firmer?	6.30	7.00	5.70	5.55
8 After the product use how much do you realize your silhouette has improved?	6.90	7.20	6.15	6.25
9 How much do you like the product?	7.50	7.05	5.35	6.30
10 Would you buy this product? Fit quantify	7.60	7.20	6.40	6.40
Average	6.75	7.13	5.71	5.95

+ 19.75%
in 56 giorni

Il questionario mirava a comprendere il miglioramento della percezione dei soggetti dopo l'indosso del leggings al giorno 28 e 56.

In media:
Dopo 28 giorni i risultati dell'indosso del leggings **INNERGY** sono il **18% più alti** del leggings placebo

Dopo 56 giorni i risultati dell'indosso del leggins **INNERGY** sono il **19.75% più alti** del leggins placebo

NILIT Fibers

42

NILIT® INNERGY Sculpt

SEE AND FEEL THE DIFFERENCE!

NILIT® INNERGY IS THE REVOLUTIONARY YARN THAT DELIVERS EXTRA COSMETIC BENEFITS, FOR A SLIMMER BODY AND SMOOTHER, TIGHTER SKIN.

This innovative nylon 6.6 fiber uses far infrared rays (FIR) to gently warm the deeper layers of the skin - invigorating and slimming the body by reducing imperfections caused by cellulite and fatty tissue (adiposities).

NILIT® INNERGY'S FIELD OF APPLICATIONS

NILIT® INNERGY is ideal for use in shapers, hosiery and lingerie. The gentle heat emitted by the fibers helps to sculpt body and reduce the appearance of 'orange peel' skin.

Wearing leggings made with NILIT INNERGY has been shown to reduce fat mass, tighten skin and visibly reduce buttocks and thigh circumference.

NILIT® INNERGY can also be used in sportswear, as it invigorates and energizes the athlete during sport activities, and in specialty applications such as medical socks & gloves.

THE INNOVATIVE FIBER

FIR-generating fiber - A nylon 6.6 fiber, with a built-in, naturally occurring mineral additive that creates FIR emissions.

- Proven efficiency: independent external laboratory testing has confirmed the increased emissivity of the far infrared rays back to the body
- Durable and long-lasting - Repeated washing will not decrease the effectiveness of the technology.
- Proven anti-odor properties
- Proven UV protection

RESHAPE YOUR BODY WITH NILIT® INNERGY

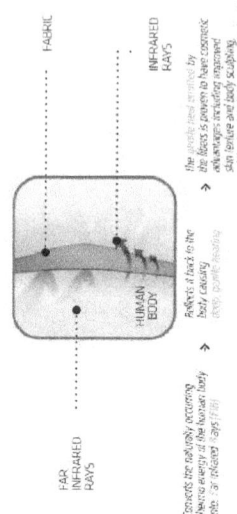

FAR INFRARED RAYS

INFRARED RAYS

FACIAL

HUMAN BODY

Converts the naturally occurring thermal energy of the human body into far infrared rays (FIR)

> Reflects it back to the body causing deep, gentle heating

> The gentle heat emitted by the fibers is proven to have cosmetic advantages including improved skin texture and body sculpting, while also revitalizing and energizing the body

TESTED & PROVEN RESULTS!

The test was conducted on 40 women, aged 18-60, who wore NILIT Innergy leggings for a duration of 8 hours per day over 56 days.

The graphs below clearly show the enduring results, from testing the product – a slimmer body with many skin benefits

-1.10% -1.07 cm

-1.60% -0.98 cm

Average Total reduction of TZ1B (TZT-cm) in buttocks circumference

Average Total reduction of G5Z%_(0.98 cm) in thigh circumference

Benefits proven in the study include:

- Enhances skin elasticity
- Reduces fat mass
- Improves skin compactness
- Improves skin smoothness
- Reduces the appearance of 'orange peel' effect
- Reduces the appearance of nodules

Based on an independent scientific study conducted by the Bioec Europe and University of Pavia, Italy

ENERGY FROM THE INSIDE OUT

NILIT® INNERGY Sport

GO FASTER, FURTHER, HIGHER!

NILIT® INNERGY INVIGORATES AND HELPS BOOST PERFORMANCE – NATURALLY.

NILIT® Innergy is an innovative nylon 6.6 fiber that absorbs the heat energy generated by the body during exercise and physical activity, and emits it as far infrared rays (FIR) back into the wearer's muscles.

NILIT® INNERGY SPORT APPLICATIONS

NILIT® INNERGY is ideal for use in any sports apparel, from garments for casual physical activities and outdoor pursuits, to performance sportswear.

THE TECHNOLOGY BEHIND THE FIBER

FIR-generating fiber – A nylon 6.6 fiber, with a built-in, naturally occurring mineral additive that creates FIR emissions.

- Proven efficiency. NILIT® INNERGY offers benefits during physical activities, including increased oxygen levels in the blood, reduced lactic acid build up in the muscles, and relief from muscle fatigue.
- Durable and long lasting. Repeated washing will not decrease the effectiveness of the technology.
- Proven anti-odor properties.
- Proven UV protection.

Source: as per enclosed technical research, study conducted by Prof. Allan Jacobs, Politecnico Di Milano, Italy Frais Zhu, NILIT R&D, Proven anti-odor 2 & R&D technical data, AZ 2/6 Textile innovation Magallan Biyes Fabran. Proven UV protection, SGS Textile Laboratory. Anti-microbial, test report no. 2120106/1/6/1/FNR compliant std: Factor AU (Switzerland)

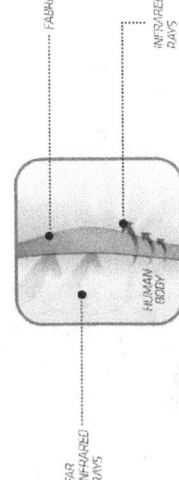

FABRIC

INFRARED RAYS

FAR INFRARED RAYS

HUMAN BODY

Converts the naturally occurring thermo energy of the human body into Far Infrared Rays (FIR).

→ Reflects it back to the body causing Deep, Gentle Healing.

→ The gentle heat emitted by the fibers is proven to stimulate blood microcirculation and thermoregulation, helping to increase oxygen levels in the blood, reduce lactic acid build up in the muscles, invigorate and energize, and relieve muscle fatigue during physical activities.

In the figure showing a temperature scan, we can see how NILIT® INNERGY has a higher eventuality level than the comparative yarn and is proven at temperature to the index point.

Independent test - Hua Mao Nano Tech Co. Ltd (Taiwan) and Centexbel Services (Belgium)

STUDI NASA

NASA Light Technology Successfully Reduces Cancer Patients Painful Side Effects from Radiation and Chemotherapy - 03.03.11

A NASA technology originally developed for plant growth experiments on space shuttle missions has successfully reduced the painful side effects resulting from chemotherapy and radiation treatment in bone marrow and stem cell transplant patients.

Glowing red light from High Emissivity Aluminiferous Luminescent Substrate, or HEALS technology has been proven to aid in the healing of human wounds, burns, diabetic skin ulcers and oral mucositis. (NASA/MSFC/Higginbotham)

In a two-year clinical trial, cancer patients undergoing bone marrow or stem cell transplants were given a far red/near infrared Light Emitting Diode treatment called High Emissivity Aluminiferous Luminescent Substrate, or HEALS, to treat oral mucositis -- a common and extremely painful side effect of chemotherapy and radiation treatment. The trial concluded that there is a 96 percent chance that the improvement in pain of those in the high-risk patient group was the result of the HEALS treatment.

"Using this technology as a healing agent was phenomenal," said Dr. Donna Salzman, clinical trial principal investigator and director of clinical services and education at the Bone Marrow Transplant and Cellular Therapy Unit at the University of Alabama at Birmingham Hospital.

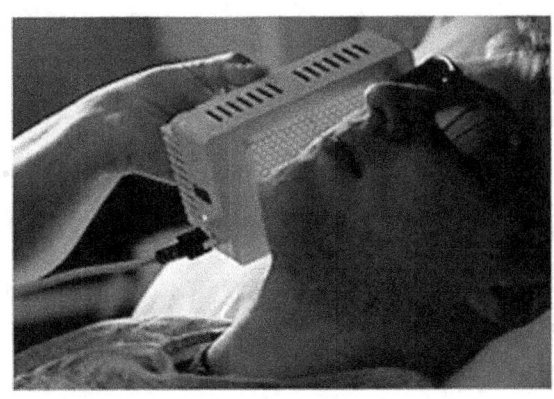

A nurse in the Bone Marrow Transplant and Cellular Therapy Unit at the University of Alabama at Birmingham Hospital demonstrates use of a WARP 75 device. (NASA/MSFC/Higginbotham)

"The HEALS device was well tolerated with no adverse effects to our bone marrow and stem cell transplant patients." The HEALS device, known as the WARP 75 light delivery system, can provide a cost-effective therapy since the device itself is less expensive than a day at the hospital and a proactive therapy for symptoms of mucositis that are currently difficult to treat without additional, negative side effects.

The device could offer patients several benefits: better nutrition since eating can be difficult with painful mouth and throat sores; less narcotic use to treat mouth and throat pain; and an increase in patient morale -- all of which can contribute to shorter hospital stays and less potential for infection, added Salzman.

LEDs are light sources releasing energy in the form of photons. They release long wavelengths of light that stimulate cells to aid in healing. HEALS technology allows LED chips to function at their maximum irradiancy without emitting heat. NASA is interested in using HEALS technology for medical uses to improve healing in space and for long-term human spaceflight.

Ron Ignatius, founder and chairman of Quantum Devices Inc., of Barneveld Wis., developed the WARP 75 light delivery system for use in the trial. The device uses the HEALS technology to provide intense light energy: the equivalent light energy of 12 suns from each of the 288 LED chips -- each the size of a grain of salt. It is one of many devices using HEALS technology, developed in collaboration with NASA.

In the early 1990s, Quantum teamed with the Wisconsin Center for Space Automation and Robotics – a NASAsponsored research center at the University of Wisconsin-Madison – to develop Astroculture 3, a plant growth chamber using near infrared HEALS technology for plant growth experiments on shuttle missions. Over the years, Quantum has worked to develop HEALS technology for use in medical fields, specifically with pediatric brain tumors and hard-to-heal wounds such as diabetic skin ulcers, serious burns and oral mucositis.

"With the help of NASA's Innovative Partnerships Program, Quantum Devices and its medical partners have been able to take a space technology and adapt it for an entirely different application to significantly help people here on Earth," said Glenn Ignatius, president of Quantum Devices. "This collaboration between NASA and commercial companies has spurred innovation that is touching millions of lives on Earth -- for the better."

NASA's Innovative Partnerships Program at the Marshall Space Flight Center in Huntsville, Ala. funded the clinical trial. It included 20 cancer patients from Children's Hospital of Wisconsin and 60 cancer patients from the University of Alabama at Birmingham Hospital and the Children's Hospital of Alabama, in Birmingham. The trial was the brainchild of Brian Hodgson, DDS, a pediatric dentist at Marquette University and Children's Hospital of Wisconsin – both in Milwaukee, Wis. Dr. Harry T. Whelan, Bleser Professor of Neurology at the Medical College of Wisconsin, served as the clinical trial principal investigator at Medical College of Wisconsin and Children's Hospital of Wisconsin.

Patients participated in the multi-center, double-blind, placebo-controlled research study – a way of testing a medical therapy where some groups receive treatment and others receive a placebo treatment that is designed to have no real effect. Participants were randomly placed in one of four study groups: low and high-risk patients receiving the experimental light therapy through the WARP 75 device, and other low- and high-risk patients receiving light through a similar device without therapeutic effects. The low-risk patients were those whose chemotherapy and radiation treatment tended to cause mild or no mucositis and the high-risk patients were those whose therapy treatment tended to cause severe cases of mucositis.

Patients received the light therapy by a nurse holding the WARP 75 device - about the size of an adult human hand – in close proximity to the outside of the patient's left and right cheek and neck area for 88 seconds each, daily for 14 days at the start of the patient's bone marrow or stem cell transplant. During that time, trained clinicians assessed the patient's mouth and patients completed a simple form to indicate their level of pain.

"NASA is proud to be a part of the HEALS technology medical advancements that are improving the lives of cancer patients and providing new, innovative medical applications," said Helen Stinson, technical monitor for the NASA HEALS contract. "It's exciting to see the spinoffs from NASA's science and technology initiatives continually improve the quality of life for people here on Earth." The WARP 75 device is currently undergoing Food and Drug Administration premarket approval.

NASA Media Contact:
Steve Roy, 256-544-0 034
NASA Marshall Space Flig ht Center, Ala.
Steven.E.Roy@nasa.gov

Page Last Updated: March 14, 2011
Page Editor: Brooke Boen
NASA Official: Brian Dunbar

NASA Information on the American Recovery and Reinvestment Act of 2009 Budgets, Strategic Plans and Accountability Reports
Equal Employment Opportunity Data Posted Pursuant to the No Fear Act Information- Dissemination Policies and Inventories

Freedom of Information Act
Privacy Policy & Important Notices
NASA Advisory Council
Aerospace Safety Advisory Panel
Inspector General Hotline
Office of the Inspector General
NASA Communications Policy

Contact NASA
Site Map
BusinessUSA
USA.gov
Open Government at NASA
Help and Preferences

RISULTATI TERMOGRAFIA

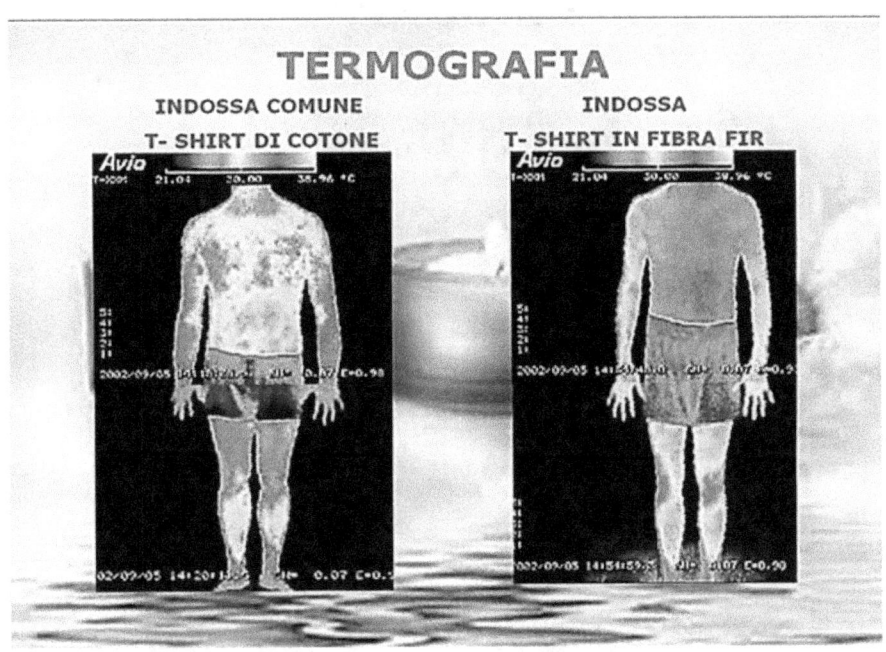

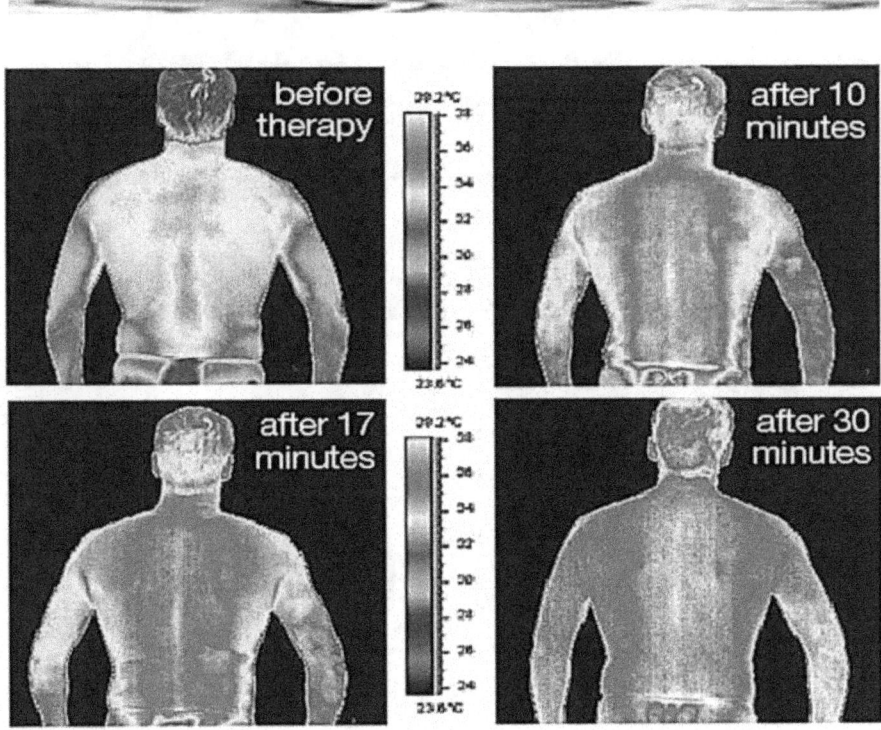

ESEMPIO DI FUNZIONAMENTO DELLA TECNOLOGIA

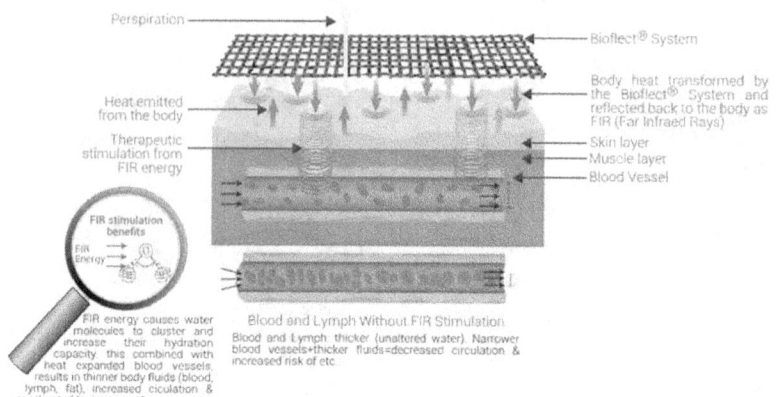

Perspiration

Bioflect® System

Body heat transformed by the Bioflect® System and reflected back to the body as FIR (Far Infraed Rays)

Heat emitted from the body

Therapeutic stimulation from FIR energy

Skin layer

Muscle layer

Blood Vessel

FIR stimulation benefits

FIR Energy

FIR energy causes water molecules to cluster and increase their hydration capacity, this combined with heat expanded blood vessels, results in thinner body fluids (blood, lymph, fat), increased circulation & accelerated toxin removal.

Blood and Lymph Without FIR Stimulation

Blood and Lymph thicker (unaltered water). Narrower blood vessels+thicker fluids=decreased circulation & increased risk of etc.

Vibration of Water Molecules

Far Infrared Ray Energy

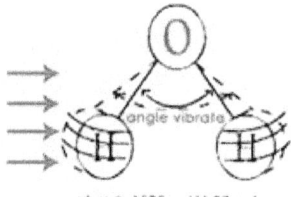

angle vibrate

absorb 1595cm⁻¹ (6.27um)

F.I.R energy through frequency & vibration, narrows the shape & clusters the water molevules which increases their hydration capacity. Combined with the heat-expanded blood vessels, the result s thinned body fluids (blood, lymph, fat), inceased circulation & accelerated toxin removal.

Blood & Lymph not exposed to FIR energy is thicker((unaltered water). Narrower blood vessels + thicker fluids = decreased circulation & increased risk of clots, DVT, stroke, etc.

The role of FIR in the Human Body

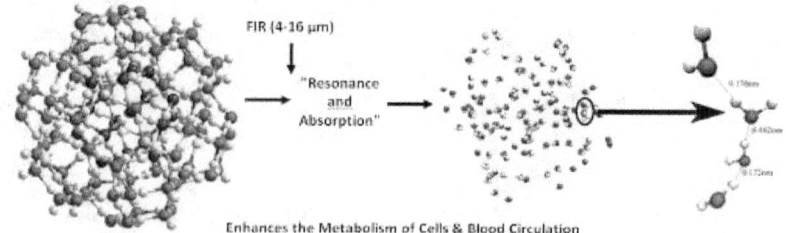

FIR (4-16 µm)

"Resonance and Absorption"

Enhances the Metabolism of Cells & Blood Circulation

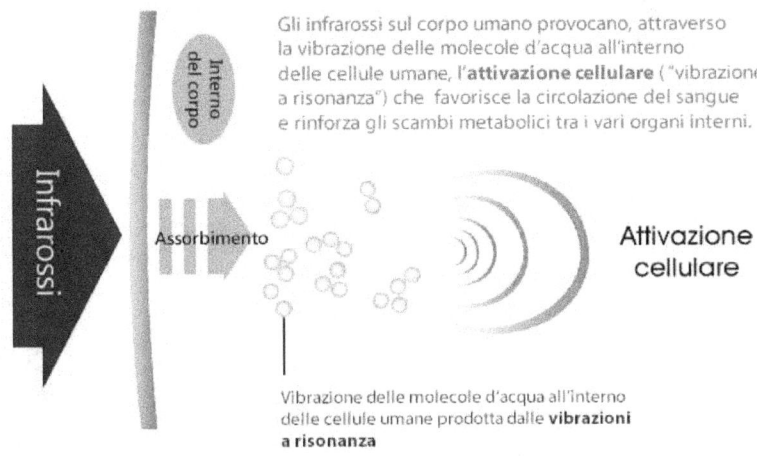

Gli infrarossi sul corpo umano provocano, attraverso la vibrazione delle molecole d'acqua all'interno delle cellule umane, l'**attivazione cellulare** ("vibrazione a risonanza") che favorisce la circolazione del sangue e rinforza gli scambi metabolici tra i vari organi interni.

Interno del corpo

Infrarossi

Assorbimento

Attivazione cellulare

Vibrazione delle molecole d'acqua all'interno delle cellule umane prodotta dalle **vibrazioni a risonanza**

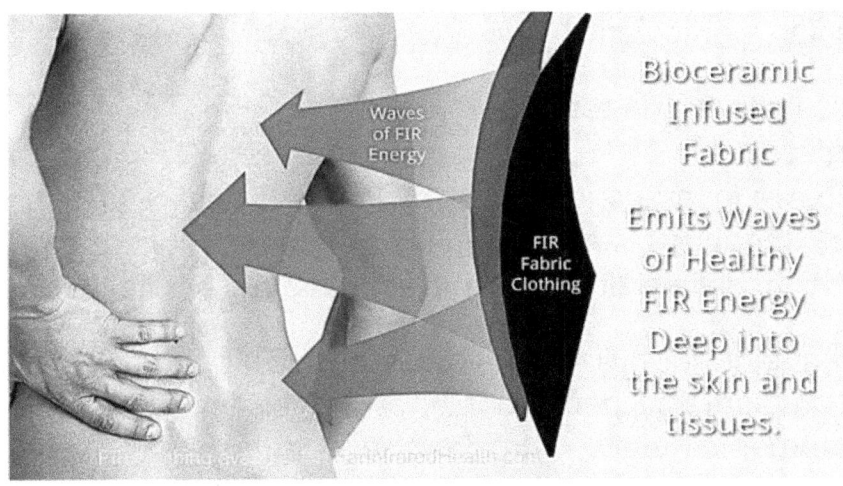

Waves of FIR Energy

FIR Fabric Clothing

Bioceramic Infused Fabric

Emits Waves of Healthy FIR Energy Deep into the skin and tissues.

CAMPI DI APPLICAZIONE

Anche se non ampiamente esplorata, la terapia a raggi di infrarosso lontano (F.I.R.) è stata proposta come un possibile metodo di recupero post-esercizio. La terapia a raggi F.I.R. è naturale 100%. Riduce infiammazione-gonfiore-spasmi. Permette il recupero veloce di traumi muscolari e articolari.

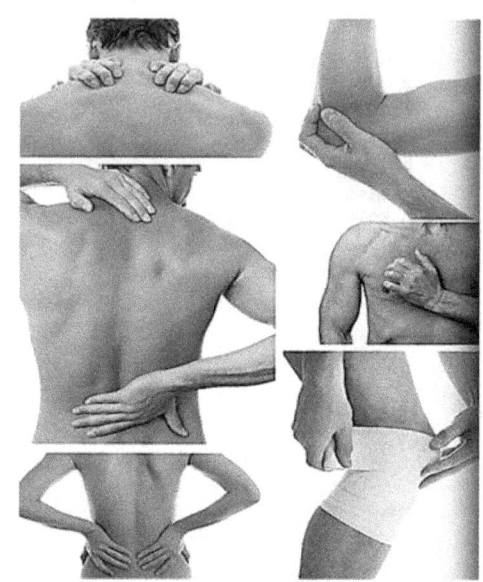

Il risultato è una **terapia energizzante e antidolore** in grado di offrire molteplici benefici al nostro corpo creando **l'attivazione cellulare** attraverso il nutrimento della cellula e l'espulsione naturale delle tossine.

I vantaggi dell'utilizzo di fibra minerale di questa terapia sono ampiamente documentati: si verifica fin da subito un miglioramento della circolazione sanguigna e della microcircolazione capillare, c'è un miglioramento del metabolismo di ogni cellula, e quindi anche degli organi, aumenta il contenuto dell'ossigeno nel sangue, favorisce la produzione di collagene. Sostanzialmente si assiste a una rivitalizzazione del corpo nel suo insieme, dalla circolazione periferica, al rinnovamento dei tessuti, dalla vitalità muscolare all'aiuto in molte malattie e disfunzioni.

F.I.R. E SPORT

Gli atleti professionisti e chi pratica sport in genere, trova un beneficio immediato. Ad esempio accelera il riassorbimento dell'acido lattico e dal momento che questo metodo non influisce sugli allenamenti di routine può essere facilmente

implementato. La riduzione del dolore può essere utile nel migliorare la qualità degli allenamenti attraverso un maggiore carico e rischi di lesioni ridotti. Migliora le prestazioni atletiche. Riduce i tempi di recupero da stress muscolare (DOMS). Energizza e rivitalizza.

RAGGI F.I.R. PER IL CALCIO

È ben noto che la potenza muscolare degli arti inferiori ha un ruolo importante nelle prestazioni dei calciatori. I compiti motori, come calciare, saltare, lo sprint, ed i cambi di direzione sono fondamentali durante una partita di calcio.

Considerando che i giocatori sono spesso sottoposti ad elevate azioni eccentriche durante le partite (caduta, accelerazione, cambi di direzione) e durante le sessioni di allenamento, è necessario ricercare strategie di recupero per attenuare gli effetti specifici dell'EIMD.

COME VENGONO GENERATI

Per generare raggi infrarossi lontani e ioni negativi, anch'essi estremamente benefici per il nostro organismo, vengono usati materiali brevettati e composti da **sostanze presenti in natura nella loro forma più pura e nelle percentuali più adatte**. Questi materiali contengono precise percentuali di minerali naturali come ad esempio:

- **Tormalina:** grazie ad una struttura con canali longitudinali ha la capacità di deviare e riflettere le emissioni elettromagnetiche degli apparecchi elettronici;

- **Germanio:** aiuta a far penetrare meglio i raggi infrarossi lontani nel corpo, attrae i radicali liberi presenti nell'organismo, aiuta a ristabilire l'equilibrio fra gli ioni positivi e gli ioni negativi;

- **Giada:** molto conosciuta nella medicina orientale per le sue proprietà di guarigione con effetto benefico sugli organi, sul sistema nervoso e sul sistema immunitario;

- **Pietre Elvan (granito coreano):** anti-batteriche, riescono ad eliminare i cattivi odori;

- **Rocce vulcaniche:** anti-batteriche, anti-virali e disinfettanti.

Tormalina nera

L'insieme dei minerali composti tra loro è **chiamato Turmanium**, una speciale ceramica inventata nel 1960 circa. Il materiale è composto da una lega che incorpora vari tipi di roccia tra cui la **Tormalina**, che dovrebbe essere il principale ingrediente, il Germanio, la roccia vulcanica e il granito coreano (pietra Elvan).

I minerali vengono **prima polverizzati, poi fuse alla temperatura di millequattrocento gradi**. La fusione trasforma tutti i componenti in una speciale ceramica chiamata appunto **"Turmanium"** per via della sua principale componente. Il composto minerale si caratterizza con cariche

Giada

elettriche-magnetico-cristallino permanenti generando raggi infrarossi a onda lunga e **agiscono direttamente sul metabolismo cellulare** ricreandone la dovuta e naturale vitalità.

Il **sistema endocrino** (*l'insieme di ghiandole endocrine che hanno la funzione di produrre e immettere sostanze particolari dette ormoni. Il sistema endocrino gestisce il funzionamento dell'organismo umano o animale in collaborazione con il sistema nervoso.*) **viene rinforzato e gli ormoni tendono a mantenere sane tutte le loro funzioni**; migliora per di più la capacità di ricezione dei componenti nutrienti e i tessuti, nonché il sistema immunitario ne trae rinvigorimento che tradotto **si esprime in energia vitale**.

Il **Germanio** riscaldato insieme agli altri componenti, a contatto con il corpo **favorisce** la produzione di onde di calore a raggi infrarossi stabilizzando i processi vitali del corpo **influenzando l'intero sistema**

Germanio

nervoso e gli organi principali: cuore, polmoni, fegato, milza, reni, vescica, prostata, pancia e stomaco.

Il Germanio è un semimetallo, più prezioso dell'oro, ed è necessario per garantire funzione in varie attività del corpo umano. Le componenti del Germanio si trovano in natura negli alimenti: aglio e funghi. **Negli anni sessanta, il Dott. Katsuhiko Asai dedusse che gli effetti** di questo componente negli organismi viventi **aumenta l'afflusso di ossigeno** nel sangue, **aggredisce le placche di colesterolo** cattivo, aiuta a **curare l'artrite, malattie reumatiche, l'osteoporosi** e addirittura combatte e elimina varie infezioni virali.

Pietre di Elvan

Pietre Elvan (granito Coreano). Rocce Vulcaniche dette anche pietre laviche, si usano da molto tempo nelle cure termali. Riscaldate e a contato della colonna vertebrale **hanno la capacità di assorbire dal corpo la tensione negativa**. Gli altri effetti positivi sono riscontrati nel **miglioramento del sonno e della digestione**, quindi di conseguenza si stabilisce un maggiore equilibrio psico-fisico razionale e stabile. Anche la pelle migliora, le rughe

Rocce vulcaniche

tendono ad attenuarsi invigorendo e dando un aspetto più sereno e giovane.

Questi materiali miscelati, emettono raggi infrarossi con una **lunghezza d'onda compresa tra 4 e 14 micron**; si tratta delle radiazioni infrarosse lunghe più benefiche in assoluto per gli organismi viventi, chiamati anche bio-genetici, che vengono assorbite dal corpo e che agiscono in maniera diretta sul benessere. I raggi F.I.R., grazie alla loro specifica lunghezza d'onda, **entrano in risonanza con la membrana cellulare**, facilitandone gli scambi con l'esterno, quindi la nutrizione e l'eliminazione delle sostanze di scarto. Questa caratteristica dei raggi infrarossi lontani, assieme a quella precedentemente esposta, chiarisce il ruolo estremamente benefico che questi raggi possono avere sul nostro corpo e ci fanno capire come mai si sono guadagnati il nome di "raggi biogenetici".

I RAGGI INFRAROSSI LONTANI: COME SFRUTTARE AL MEGLIO I LORO EFFETTI BENEFICI

I raggi infrarossi lontani, rappresentano una piccola parte

I raggi infrarossi lontani (FIR) sebbene invisibili possono essere percepiti dal corpo umano come una piacevole sensazione di calore

dello spettro elettromagnetico, con una lunghezza d'onda (780 nm) che li rende invisibili all'occhio umano. Un'ulteriore suddivisione consente di individuare i Raggi Infrarossi Lontani (F.I.R.), denominati anche "raggi biogenetici".

La luce solare è fondamentale per lo sviluppo della vita sulla Terra, eppure dal Sole ci giungono tutta una serie di onde elettromagnetiche che non siamo in grado di vedere, tra queste ci sono appunto i raggi infrarossi lontani o lontani (F.I.R.).

I raggi infrarossi lontani **sebbene invisibili possono essere percepiti dal corpo umano** come una piacevole sensazione di calore sulla pelle. Cosa succede al nostro corpo quando è raggiunto dai raggi infrarossi lontani?

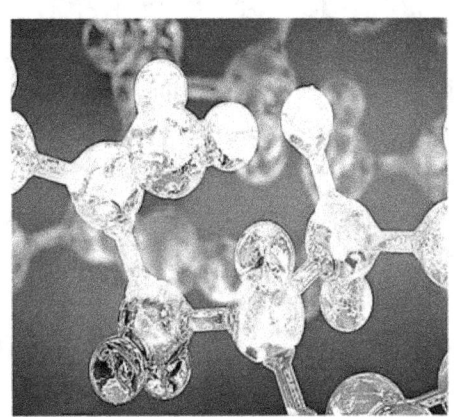

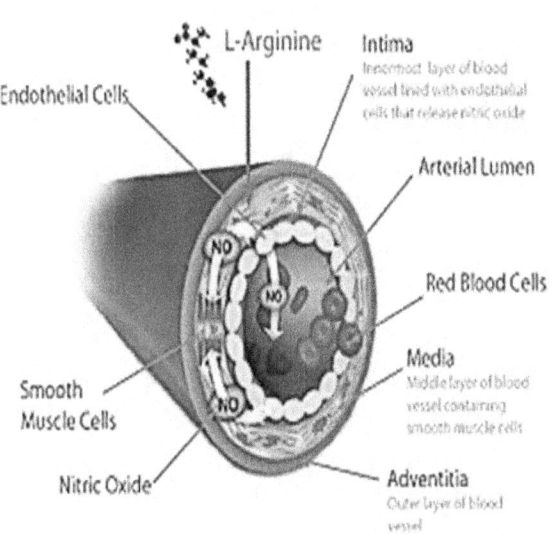

Production of Nitric Oxide (NO) in Arteries

L-Arginine

Endothelial Cells

Intima
Innermost layer of blood vessel lined with endothelial cells that release nitric oxide

Arterial Lumen

Red Blood Cells

Media
Middle layer of blood vessel containing smooth muscle cells

Smooth Muscle Cells

Nitric Oxide

Adventitia
Outer layer of blood vessel

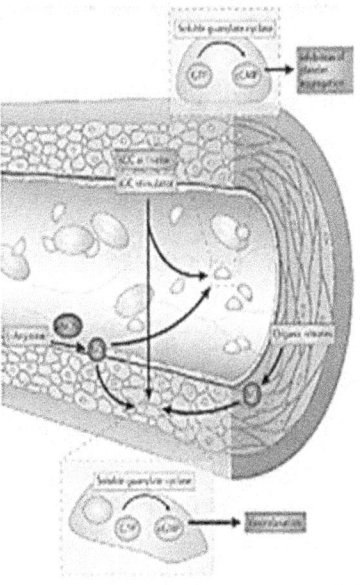

Prima di considerare gli effetti dei raggi infrarossi lontani, bisogna tener presente che **il corpo umano di un adulto è costituito per quasi il 70% di acqua**. I raggi infrarossi lontani quando raggiungono il nostro corpo esercitano un'azione detossificante e purificatrice, eliminando tossine e prodotti di scarto dal corpo, e in più favoriscono il naturale turnover *(ricambio)* cellulare.

Anche Il sangue risente positivamente degli effetti benefici dei raggi infrarossi lontani diventando più fluido, migliorando la circolazione periferica, favorendo una maggiore ossigenazione dei tessuti e la produzione di Ossido Nitrico, in grado di rigenerare il tessuto endoteliale che riveste i tessuti vascolari.

L'inibizione di ON è un fattore degenerativo dei tessuti vascolari e causa scatenante dei Radicali Liberi. Il raggio infrarosso lontano ne favorisce la rigenerazione e la manutenzione. Pertanto il sangue risente positivamente degli effetti benefici dei raggi infrarossi lontani conseguendo i seguenti risultati:

- Fluidità;
- Migliore circolazione periferica;
- Maggiore ossigenazione dei tessuti;
- La cicatrizzazione;
- Riduzione di fatica e dolore muscolare;
- Rafforzano il sistema immunitario;
- Migliorano la qualità del sonno;
- Riducono lo stress.

I molteplici effetti positivi e l'assenza di qualsiasi effetto collaterale dimostrano come un trattamento regolare con raggi infrarossi lontani (F.I.R.) possa incidere sensibilmente sul benessere dell'individuo, migliorandone la quotidianità. Numerose ricerche condotte negli ultimi anni hanno evidenziato come i raggi infrarossi lontani (FIR) possano essere usati come valido strumento terapeutico nel trattamento di numerose patologie:

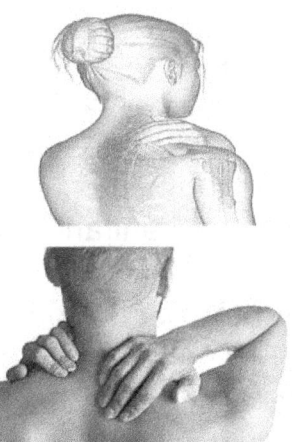

- Patologie osteoarticolari (artriti reumatoidi, spondilite anchilosante, rigidità articolare);

- Malattie cardiovascolari (malattia coronarica, ipertensione arteriosa);

- Disturbi muscolari (contratture muscolari, spasmi, affaticamento)

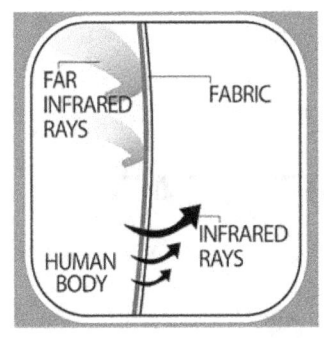

I raggi F.I.R. sono gli unici a trasferire energia esclusivamente sotto forma di calore, percepito dai termocettori cutanei. Il corpo umano non è solo in grado di assorbire i raggi infrarossi lontani (F.I.R.), ma può a sua volta emetterne una certa quota. Il meccanismo di questi raggi è come quello di uno specchio reattivo, uno spettro solare assorbito dal nostro organismo, che cattura le radiazioni termiche emesse dal nostro stesso corpo per, poi, restituire ad esso energia a tutto vantaggio di cellule e tessuti. Ognuno di noi produce F.I.R. ed ogni corpo lo fa ad una diversa e personale un'intensità.

LA RICERCA DELLA NASA SUI RAGGI F.I.R.

La NASA ha iniziato a studiare le proprietà dei raggi F.I.R. nel 1960 scoprendo, nel 1980, che questa tecnologia del calore è sicura e si presta a svariate applicazioni in campo medico e sanitario. La stessa NASA ha applicato generatori di  luce FIR nelle tute spaziali (rivestite da tessuti in bioceramica attiva all'infrarosso) allo scopo di stimolare il funzionamento cardiovascolare degli astronauti. A diretto contatto col nostro corpo, i tessuti realizzati in microfibra FIR servono a prevenire, gestire e ridurre molte patologie, tra cui i dolori articolari.

PROPRIETÀ DEI MINERALI UTILIZZATI

TORMALINA NERA. Ha la capacità rara e molto speciale di generare una carica elettrica ed emettere ioni negativi e raggi infrarossi lontani. **Gli ioni promuovono ossigenazione al cervello e rigenerazione del**

sangue. Nella sua colorazione nera è ideale per il suo "potere" di schermare dalle radiazioni emesse dagli apparecchi elettronici. A livello fisico la tormalina nera sembra che **supporti bene quelle terapie mediche atte a alleviare i problemi al sistema osseo.** È un coadiuvante per rinforzare il sistema immunitario. **In linea generale può alleviare il dolore.** La tormalina, influenza positivamente la circolazione ed è stata segnalata per aumentare la vitalità e vigore sia negli uomini che nelle donne.

Di seguito sono descritti solo alcuni degli effetti potenti della tormalina:

- Aiuta la disintossicazione
- Supporta la perdita di grasso
- Riduce la ritenzione idrica
- Migliora la circolazione
- Supporta il fegato ed i reni
- Promuove uno stato d'animo sano
- Aiuta ad eliminare i metalli tossici
- Riduce l'acido lattico e gli acidi grassi liberi
- La tormalina migliora le prestazioni fisiche

IL GERMANIO. Il germanio organico è un potente antiossidante e antitumorale. La prima e più importante proprietà del germanio è la capacità di aumentare **l'apporto e la disponibilità di ossigeno alle cellule**. Il germanio è **in grado di accelerare il ricambio cellulare e l'eliminazione delle cellule invecchiate** dell'organismo, migliorando la produzione di nuove cellule. **È un immunostimolante**, in grado di potenziare l'azione dei macrofagi (cellule deputate alla cattura e all'eliminazione di cellule, scarti cellulari, e qualsiasi altro elemento riconosciuto come estraneo dall'organismo), dei linfociti T (che servono a eliminare agenti patogeni quali batteri, virus, e cellule tumorali), delle cellule

 linfochine (un particolare tipo di molecole che modulano la risposta e la funzione immunitaria) e nelle cellule NK (deputate al riconoscimento e alla distruzione delle cellule tumorali). Le **cellule Natural Killer** sono una classe di cellule citotossiche del sistema immunitario, particolarmente importanti nel riconoscimento e distruzione di cellule tumorali o infette da virus.

Il germanio è in grado di trasportare, oltre all'ossigeno, anche elettroni: questo lo rende utile nei casi di ipossia, quando cioè non vi è sufficiente apporto di ossigeno a cellule e tessuti. Può essere utilizzato in caso di ischemia cardio vascolare e neuro vascolare. Altra proprietà è quella di agevolare l'eliminazione di metalli pesanti dall'organismo inseriti nell'organismo tramite l'alimentazione e tramite l'ambiente inquinato. Per la sua capacità di veicolare ossigeno e elettroni stimola il metabolismo, abbassa i livelli ematici di glucosio e colesterolo, stimola le difese immunitarie, elimina i radicali liberi e apporta ossigeno alle cellule.

Moltissimi studi clinici condotti dimostrano che produce effetti benefici:

- migliora le condizioni dell'artrite reumatoide;
- migliora il sistema immunitario grazie alla sua capacità di aumentare il trasporto di ossigeno (anche in caso di infezioni virali);
- aiuta a combattere la candidosi;
- abbassa il livello di glucosio nel sangue, dei trigliceridi, migliorando anche il rapporto del colesterolo HDL e LDL e aumentando l'emoglobina;
- è d'aiuto in caso di ischemie e infarti;

PIETRA DI ELVAN (GRANITO COREANO), GIADA E AMETISTA.
Grazie alla presenza dei fotoni e dei raggi infrarossi attivati dal calore, essa **è in grado di rafforzare il corpo, accelerando i processi biochimici e fornendo energia dinamica alle cellule.** Inoltre le microsfere di ceramica e le pietre di

giada e ametista svolgono spiccate funzioni riequilibranti e rilassanti per tutto l'organismo.

Più nello specifico: **la giada stimola il sistema immunitario e gli organi preposti alla disintossicazione**, quali reni, vescica, fegato e intestino; **l'ametista, nota per le sue qualità rilassanti**, aiuta la concentrazione, combatte l'insonnia, allontana lo stress e aiuta a contrastare l'insorgere di emicrania, cefalea e tutti i disagi derivanti da stati tensivi; infine **le microsfere di ceramica, grazie alla loro speciale composizione con tormalina, germanio, rocce vulcaniche, e rocce elvan, producono raggi infrarossi e ioni negativi, stimolando così l'ossigenazione del sangue e il sistema endocrino.**

Tra tutti gli effetti dell'ametista, il più noto è quello sul mal di testa e l'emicrania. **Lavora su tutta la testa e il sistema nervoso.** Aiuta a rimarginare una ferita. Può intervenire sulla produzione degli ormoni o anche sulla circolazione sanguigna e, in via generale, per tutti i problemi circolatori. In pratica riduce i gonfiori.

LA ROCCIA VULCANICA. Le pietre laviche **aiutano la persona nel delicato e difficile processo di crescita.** Prendiamo l'onice nera, **attenua il dolore, riduce le tensioni.** Accelera la guarigione delle ferite, bloccando la perdita di sangue. Stimola la circolazione del sangue. Agisce a livello intestinale favorendone una corretta funzionalità.

CONCLUSIONI

È indubbio che decenni di terapia a base chimica o

allopatica (greco ἄλλος, diverso, e πάθος, sofferenza) può influire negativamente sulla persona. Molti agenti patogeni, con il passare del tempo, acquistano una maggiore resistenza alle cure e il corpo umano, per trovare sollievo, necessita di medicinali sempre più potenti che si rivelano, a lungo andare, dannosi per le molteplici controindicazioni. Ovviamente questo ha un costo in termini fisiologici. Il corpo umano si disabitua a reagire, accumula "detriti" chimici negli organi deputati allo smaltimento e, in casi sempre più frequenti, la medicina classica non riesce più a garantire la soluzione di alcuni problemi.

È importante ricordare che la causa di molte malattie è la cattiva circolazione soprattutto nella parte periferica del sistema circolatorio. Vale la pena di tenere presente che, un organismo che gode di **ottima circolazione** fa sì che ciò si rifletta anche **sulla pelle e sull'aspetto fisico**: il micro-circolo viene rivitalizzato e quindi l'invecchiamento rallenta, **"il sistema immunitario è rinforzato, i livelli di ossigeno nel corpo aumentano e le tossine vengono smaltite al meglio."**

L'accumulo di rifiuti acidi nel nostro corpo è la causa dell'invecchiamento. Pertanto l'inversione dell'invecchiamento consiste nella rimozione dei vecchi rifiuti acidi accumulati. Quando pensiamo alla salute, pensiamo alla dieta ed all'esercizio fisico. La dieta e l'esercizio aiutano il nostro corpo a disfarsi dei rifiuti tossici. Tuttavia, poiché è difficile essere costanti nel praticarli, spesso perdono di efficacia. Ora la scienza ha reso semplice l'eliminazione delle scorie ed elementi di scarto attraverso elementi presenti in natura.

I Raggi infrarossi (F.I.R.) penetrano nel corpo umano

e **irradiano un calore uniforme**. Come ampiamente spiegato nelle pagine precedenti, questi generarono enormi benefici senza alcuna controindicazione. La **tecnologia a onde infrarosse** è davvero interessante dal punto di vista del benessere dell'organismo perché **aiuta a migliorare la nutrizione cellulare e ad eliminare le tossine dal corpo**; ciò permette di riattivare le naturali capacità del corpo umano di auto-guarirsi e permette all'organismo di funzionare meglio, **disintossicandolo e purificandolo**.

I Raggi infrarossi lunghi emessi dai materiali contenuti nella **bio-ceramica**, offrono il massimo delle potenzialità benefiche per gli organismi viventi e agiscono in maniera diretta sul benessere. I bio-infrarossi, grazie alla loro specifica lunghezza d'onda, entrano in risonanza con la membrana cellulare, facilitandone gli scambi con l'esterno, quindi **la nutrizione e l'eliminazione delle sostanze di scarto**.

La tecnologia dei Raggi infrarossi lunghi (F.I.R.) è da tempo conosciuta nel mondo orientale e inizia a essere celebre anche in occidente grazie ai numerosi benefici che offre. **La bio-ceramica a Raggi infrarossi lunghi (F.I.R.) si classifica quindi come un rivoluzionario trattamento naturale per la Salute, il Benessere e la Bellezza.**

"Anelo all'eternità, perché lì troverò i miei quadri non dipinti, e le mie poesie non scritte".

"Fate che il vostro spirito avventuroso vi porti sempre ad andare avanti per scoprire il mondo che vi circonda con le sue stranezze e le sue meraviglie. Scoprirlo significherà, per voi, amarlo."

"Nulla impedirà al sole di sorgere ancora, nemmeno la notte più buia. Perché oltre la nera cortina della notte c'è un'alba che ci aspetta."

Kahlil Gibran